AF249543

ABREGE'
DES DELIBERATIONS
DE
L'ASSEMBLE'E
GENERALE
DES COMMUNAUTEZ
DE PROVENCE,

Convoquée à Lambesc au dixiéme du mois de Decembre 1724. pour commencer le lendemain onziéme, par autorité & permission de Monseigneur
Lebret, Chevalier, Comte de Selles, Seigneur de Flacourt, Pantin, &
autres Lieux, Conseiller du Roy en ses Conseils, Premier President
du Parlement d'Aix, & Intendant de Justice, Police & Finances audit
Pays; & assignée par le Mandement de Messieurs d'Hugues Baron de la
Motte, Saurin, Garsonnet & Alphetan Procureurs du Pays.

A AIX,

Chez Joseph David, Imprimeur-Libraire ordinaire du Roy, du Clergé, du Pays
& de la Ville.

M. DCC. XXIV.

ABREGE'
DES DELIBERATIONS
DE
L'ASSEMBLE'E GENERALE
DES COMMUNAUTEZ
DE PROVENCE.

*Convoquée à Lambesc au dixiéme du mois de Janvier 1724.
pour commencer le lendemain onziéme, par autorité & permission de Monseigneur Lebret, Chevalier, Comte de Selles,
Seigneur de Flacourt, Pantin & autres Lieux, Conseiller
du Roy en ses Conseils, Premier Président du Parlement
d'Aix, & Intendant de Justice, Police & Finances audit
Pays ; assignée par le Mandement de Messieurs d'Hugues
Baron de la Motte, Saurin, Garsonnet & Alpheran, Procureurs du Pays.*

Dudit jour 11ᵉ Decembre du matin.

MONSEIGNEUR LEBRET, Chevalier,
Comte de Selles, Seigneur de Pantin,
& autres Lieux, Conseiller du Roy en ses
Conseils, Premier Président du Parlement

A

d'Aix , Intendant de Juſtice, Police & Finances en Provence, & Commandant pour Sa Majeſté en ladite Province, a dit, &c.

LE SEIGNEUR ARCHEVEQUE D'AIX, Commandeur des Ordres du Roy, Preſident aux Etats , Premier Procureur du Pays Né, a dit, &c.

LE SIEUR SAURIN, Ecuyer, Docteur ez Droits , Aſſeſſeur d'Aix , Procureur du Pays, a dit, &c.

Dudit jour 11ᵉ Decembre de relevée.

Legitimation des Pouvoirs.

LEdit ſieur Saurin Aſſeſſeur a dit, qu'ordinairement en pareilles Aſſemblées il faut ſçavoir ſi tous les ſieurs Deputez des Communautez ſont arrivez, & s'ils ſont porteurs d'un Pouvoir valable de leurs Communautez.

Mᵉ Moricaud Greffier des Etats a dit que tous les ſieurs Deputez ſont arrivez, & ont remis au Greffe des Etats leurs Pouvoirs en bonne forme.

Lecture des Reglemens.

Ledit ſieur Aſſeſſeur a dit qu'on a coûtume de lire les Reglemens avant que de faire aucune propoſition.

5

Et lecture ayant été faite de ceux pour la
Meſſe chaque jour au nom du Saint Eſprit,
pour le ſerment de tenir les propoſitions ſe-
crettes juſques à ce que la deliberation en
ait été priſe, de ne pas reveler le detail des
opinions, que les ſieurs Deputez des Communautez ſe trouveront aux heures aſſignées;
comme auſſi de l'Arreſt du Conſeil du dernier Mars 1635. qui deffend de faire aucuns
dons ni gratifications, & du Reglement
portant que dans les huit premiers jours de
l'ouverture de l'Aſſemblée, les Srs Deputez
remettront leurs Requêtes & demandes pour
la reparation des Ponts & Chemins, à peine
d'en être déchus. Tous les Aſſiſtans ont
prêté le ſerment accoûtumé.

Du 12. du même mois de Decembre,
du matin.

LE Seigneur Premier Preſident & Intendant a remis deux Lettres de Cachet du
4. Novembre dernier, l'une adreſſée a Meſſieurs les Deputez de l'Aſſemblée & l'autre
à Meſſieurs les Procureurs du Pays, leur faiſant ſçavoir que Sa Majeſté lui a adreſſé, en
abſence de Monſeigneur le Maréchal de Villars Duc & Pair de France, Commandeur
des Ordres du Roy & de la Toiſon d'Or,

Gouverneur & Lieutenant General audit Pays, les Expeditions neceſſaires pour la convocation & tenuë de la preſente Aſſemblée generale des Communautez, afin qu'il ſoit iceſſamment pourvû aux affaires les plus preſſantes, & principalement à l'impoſition de la ſomme que Sa Majeſté deſire être levée ſur la Province pour l'année ſuivante 1725. pour ſubvenir aux dépenſes qu'Elle eſt obligée de ſupporter pour le bien de l'Etat: Comme auſſi a pareillement remis des Lettres Patentes dattées du 6. du même mois de Novembre, adreſſées audit Seigneur Premier Preſident & Intendant, à ce que par ladite Aſſemblée il ſoit pourvû à l'impoſition de la ſomme de ſept cens mille livres ſur tous les contribuables, à l'exception des Villes de Marſeille, Arles & Terres adjacentes, cottiſées ſeparement par des Lettres particulieres: Et Sa Majeſté demande cette ſomme avec d'autant plus de confiance, qu'outre qu'Elle eſt perſuadée de la bonne volonté & de l'obéïſſance aveugle de ſes Sujets, ils mettront par là la Province en état de profiter de la grace qu'Elle lui a accordée par l'Arrêt du premier Fevrier 1724. pour être ladite ſomme de ſept cens mille livres employée aux armemens de mer, & payée aux termes & en la maniere qui fut pratiquée l'année derniere, & les deniers en provenans portez par ceux qui en feront la recette ez mains du Treforier des Galeres , fur les Quittances du Trefor Royal.

Après la lecture qui a été faite des fufd. Lettres & de la fufdite Commiffion, ledit Sr Saurin Affeffeur & Procureur du Pays a dit, &c.

Sur quoi l'Affemblée, nonobftant le pi- *Deliberation.* toyable état où fe trouve la Province par les mauvaifes recoltes, les grêles & les inonda- tions qui ont ravagé plufieurs Terroirs , la fecherefle qui a regné pendant la prefente année, & fur tout les engagemens qu'elle a pris avec fes Creanciers pour foûtenir le fer- vice pendant les dernieres Guerres , la perte qu'elle a fouffert par la diminution des Efpe- ces ; & malgré leur rareté, s'abandonne en- tierement à fon zele pour le fervice de Sa Majefté : Et pour lui donner des preuves de plus en plus de fon aveugle foumiffion à fes or- dres , a unanimément deliberé d'accorder à Sa Majefté les fept cens mille livres qui lui font demandées de fa part pour le Don gra- tuit de l'année prochaine 1725. payable lad. fomme en la forme & maniere accoûtumée fur les Quittances du Trefor Royal bien &

dûëment controllées, & fur lefquelles Meffieurs les Procureurs du Pays expedieront les
Mandemens aux formes ordinaires ; & fur les
dernieres payes qui fe feront defdites fept
cens mille livres , fera deduit & compenfé
la fubfiftance des Troupes d'Infanterie & de
Cavalerie qui pourroit avoir été fournie par
les Communautez , foit en quartier fixe , ou
en quartier d'affemblée : Et afin que Sa Majefté foit bien - tôt informée de la prompte
obéïffance de l'Affemblée pour l'execution
de fes ordres, il a été deliberé de fuplier le
Seigneur Premier Prefident de la faire valoir
par fes dépêches qui feront portées avec celles de Meffieurs les Procureurs du Pays par
un Courrier exprès , auquel fera payé par la
Province la fomme de mille livres , tant pour
fes peines & foins , que pour le frais de fa
courfe en allant & revenant, ainfi qu'il eft
accoûtumé.

Dudit jour de relevée.

Lefdits Sieurs ne fe font point affemblez,
s'étant occupez à faire leurs dépeches pour
la Cour.

Du 13. dudit mois de Decembre du matin.

Nouvel Arfenal des Galeres à Marfeille.

LE Seigneur Premier Prefident & Intendant a dit, que par les Inftructions qui
lui

lui ont été adreffées de la part du Roy, fur
ce qui eft à faire, il eft chargé, entre autres
chofes, de faire mettre fonds pour le payement des interefts de vingt-deux mille deux
cens cinquante-deux livres huit fols fix den.
à quoi monte le dédommagement des heritages pris pour la conftruction du nouvel
Arcenal des Galeres à Marfeille.

Pour ceux de dix-neuf mille deux cens cinquante-deux livres deux fols fix deniers dûs
aux proprietaires des heritages compris dans
les Fortifications d'Antibes jufques en l'année
mil fix cens quatre-vingt-dix-fept.

Pour ceux de quatre mille huit cens quatre-vingt quatre livres pour d'autres heritages pris en 1701. pour les Fortifications de
la même Ville & de fon Fort.

Pour ceux de quinze cens vingt-cinq liv.
fix fols huit deniers auffi dûs pour d'autres
heritages pris pour les Fortifications du Fort
d'Antibes jufques en l'année 1704.

Pour ceux de trois mille neuf cens foixan-
te-dix-huit livres dûs en principal pour les
heritages occupez par la nouvelle Boulangerie de Toulon.

B

Pour ceux de ce qui reſte à payer des cinquante-ſix mille deux cens quatre-vingt-deux livres deux ſols qui étoient dûës aux proprietaires des heritages compris dans le Camp retranché ſous Toulon.

Pour ceux de ce qui reſte à payer des quarante-cinq mille livres portées par la Tranſaction paſſée entre Meſſieurs le Procureurs du Pays & les proprietaires des heritages qui ont été compris dans les Fortiſication du nouveau projet de Toulon.

Pour ceux des dix-huit mille trois cens vingt livres dix-ſept ſols dûës aux proprietaires des heritages compris dans les Fortiſications de Seyne.

Et pour ceux de dix-ſept mille cent trente-huit livres ſix ſols quatre deniers pour les hetitages pareillement compris dans les Fortiſications de Colmars.

Par les mêmes Inſtructions il eſt dit que Sa Majeſté eſt informée qu'il arrive ſouvent que quelques-unes des Communautez du Pays de Provence ſe trouvent hors d'état de payer leur contingent du Don gratuit & des autres Impoſitions de la Province, par des

grêles, des inondations, ou d'autres cas fortuits, font expofées à des frais de pourfuite,
& des interefts qui achevent de caufer leur
ruïne, d'où il arrive que ces Communautez
devenant tout-à-fait infolvables, leurs charges retombent fur toutes les autres du Pays;
& Sa Majefté jugeant qu'il eft très-impor-
tant pour la Province de prevenir un fem-
blable inconvenient, Elle veut que l'Affemblée connoiffe que fon intention eft qu'il foit
ajoûté chaque année aux Impofitions ordinaires du Pays de Provence, la fomme que
l'Affemblée eftimera neceffaire pour remplacer le fonds qui pourroit manquer de la part
des Communautez qui feroient hors d'état
de payer leur contingent par les cas ci-deffus; & lorfqu'il arrivera que dans l'année où
cette fomme aura été impofée, chacune des
Communautez du Pays fe trouvera en état
de fatisfaire, fans ce fecours, à fon contingent des impofitions, cette même fomme
fera refervée pour fervir au même remplace-
ment, fi le cas y échet, dans les années
fuivantes, fans que pour quelque caufe que
ce foit, elle puiffe être divertie ni employée
à d'autre deftination.

Il eft encore porté par les mêmes Inftructions, qu'il fera inceffamment travaillé au

rétabliſſement des Chemins , en ſorte qu'ils ſoient en bon état.

Deliberation.   Sur quoi l'Aſſemblée a unanimément dé- liberé , qu'il ſera mis fonds ci-après pour les intereſts des ſommes principales , dont men- tion eſt faite ci-deſſus , à raiſon de trois pour cent , concernant les heritages pris pour la conſtruction du nouvel Arcenal des Galeres à Marſeille ; pour ceux des fortifica- tions d'Antibes & de ſon Fort ; pour ceux des Fortifications de Seyne & de Colmars ; pour ceux de la nouvelle Boulangerie de Tou- lon ; pour ceux des heritages compris dans le Camp retranché de Sainte Anne ſous Tou- lon , en ayant été acquitté une partie enſui- te des Deliberations priſes dans les dernieres Aſſemblées , celle-ci laiſſant de même à la prudence de Meſſieuurs les Procureurs du Pays de payer ce qui reſtera dû des princi- paux , s'il y a du fonds dans la Caiſſe de la Province, ettendu que Sa Majeſté a permis aux proprietaires de rentrer dans leurs heritages, & pour ceux compris dans les nouvelles for- tifications de Toulon ; en, contribuant par les Villes de Marſeille , Arles & Terres adjacentes pour le tiers deſdits intereſts, les deux autres tiers devant être payez par la Province , ſauf d'imputer ſur les principaux, s'il y échoit, ce qui pourroit avoir été payé de trop defdits interefts : Et à l'égard de l'impofition que Sa Majefté veut être faite pour fuppléer au contingent des Communautez qui auront été grêlées ou inondées, l'Affemblée a refervé d'en parler dans une autre Séance ; comme aufli du dernier article concernant la réparation des Chemins.

MOnfieur Saurin Affeffeur d'Aix, Procureur du Pays, a dit, que le devoir de M^{rs} fes Collegues & le fien, eft de rendre compte à l'Affemblée de tout ce qui a été fait dans le cours de l'adminiftration dont on les a honorez, afin qu'elle ait les éclairciffemens neceffaires pour les refolutions qu'elle aura à prendre ; d'autant mieux que leur intereft eft d'en avoir la ratification.

Relation des principales affaires.

Le Sr Fulque d'Oraifon, qui s'étoit bien voulu charger de faire acheter des beftiaux pour la Province dans le tems qu'elle eftoit affligée de la Contagion ; & le Sr Guerin & fes affociez, qu'il avoit engagé dans cette fourniture, ayant demandé à la derniere Affemblée generale des Communautez, d'être payez de ce qui leur reftoit dû des avances qu'ils avoient faites à cet effet ; leur compte fut renvoyé à M^{rs} les Procureurs du Pays,

Compte du fieur Fulque d'Oraifon & autres, pour la fourniture des beftiaux à la Province pendant la Contagion.

resultant par l'examen que M.rs leurs Devanciers en firent, qu'il restoit dû par le sieur
Fulque audit sieur Guerin, & à ses associez,
la somme de vingt-neuf mille deux cens six
livres quatorze sols, dont il fut expedié Mandement, & audit sieur Fulque en son propre celle de quarante - six mille quatre cens
livres : Et sur le rapport qui en fut fait à
l'Assemblée particuliere du Pays du 22. Janvier dernier, elle approuva l'expedition dudit Mandement, & delibera, suivant le desir
dudit sieur Fulque & à sa priere, en recon-
noissance des services qu'il avoit rendus
à la Province, que cette somme de quaran-
te-six mille quatre cens livres resteroit entre
ses mains pendant une année, avec les interests au denier vingt-cinq, dont & du
tout il lui seroit cependant expedié Mandement payable à la fin de ladite année , sur
les fonds de la remise dont il va être parlé,
ce qui a été executé de même.

Repartition des secours accordez par le Roy à la Province. Qu'ayant plû au Roy d'accorder à la Province une remise de quatre millions cinq cens
mille livres sur le Don gratuit de quinze
années consecutives, l'un des principaux
soins de Messieurs les Procureurs du Pays
leurs devanciers au retour de la derniere Assemblée generale des Communautez, à qui

cette remiſe fut annoncée , fût de travailler
á en faire la repartition , tant en faveur des
Communautez de la Province , des Villes de
Marſeille , Arles , Salon qui ont été affligées
de la Contagion , que du corps de la Province , pour lui donner moyen de s'acquit-
ter des engagemens qu'elle a paſſez dans ce
malheureux tems , après avoir toutefois
prelevé les ſommes dûës audit Sr Fulque , &
celles qui devoient être payées tant à la veuve Imbert ou à Curet pour Parfums par eux
fournis aux Communautez contaminées ,
qu'aux ſieurs Canceris , Robert , Marin , Bar-
ba & autres pour leurs honoraires pendant
le tems de la Contagion.

Que leur objet ne fut pas ſeulement celui
de diſtribuer cette ſomme , mais de ne rien
negliger en la repartiſſant , conformément
aux intentions de Sa Majeſté , pour rendre
ſes graces également utiles pour ſon ſervice
& pour le bien deſdites Communautez &
Villes , & du general de la Province.

Qu'après avoir mis toute leur attention
pour aboutir à ce point , & conferé avec les
Sieurs Echevins de la Ville de Marſeille pour
s'égaliſer ſur les ſecours ci-devant reçûs , &
ſur la remiſe entiere du Don gratuit de 1723.

ils firent leur repartition , par laquelle les ſommes importantes qui ont été reparties aux Villes de Marſeille , Arles & Salon devoient être tout premierement compenſées avec celles qu'elles devoiẽt à la Province, pour avances pour elles faites , avec intereſts juſques à l'entiere compenſation : Et l'Aſſemblée particuliere du Pays du 28. dudit mois de Janvier dernier l'ayant nxaminée, elle l'approuva , & delibera qu'il en ſeroit pourſuivi l'homologation , après avoir oüi leſdits ſieurs Echevins, Meſſieurs les Conſuls d'Arles & de Salon.

Gratification a'i Sr Canceris.

Que la même Aſſemblée particuliere du Pays du 28. dudit mois de Janvier, inſtruite des peines & ſoins & des ſervices rendus en differentes occaſions par le Sr Canceris, delibera, ſous le bon plaiſir de celle-ci, qu'il lui ſeroit expedié Mandement de la ſomme de douze cens liv. ſur les fonds de ladite remiſe; ce qui a été executé.

Parfums fournis par Curet & Imbert.

Que ſur la connoiſſance qui fut donnée à la même Aſſemblée de l'examen qui avoit été fait des comptes de Curet & de la veuve Imbert & Trupheme, concernant les parfums par eux fournis à diverſes Communautez, il fut deliberé, en approuvant l'arreſté

de

de ces comptes, d'expedier Mandement audit Curet de cinq mille livres , & à ladite Veuve Imber, ou fon fils, & Trupheme, de huit mille deux cens cinq liv. pour tout refte de ce qui pouvoit leur être dû à caufe defd. Parfums : Ayant été en outre refolu que lefd. fommes feroient retenuës fur le contingent de ladite remife des Communautez à qui ces Parfums ont été fournis , à proportion de ce que chacune d'elles en a reçû ; ce qui a été executé.

Que le Sr de la Berge, qui avoit été employé pendant la Contagion au Bac de Mirabeau, en qualité de Capitaine, ayant fervi utilement & fait diverfes depenfes pour éxecuter les ordres qui lui étoient donnez , demanda à la même Affemblée la recompenfe qui lui avoit été promife, laquelle deliberal de lui accorder à cet effet la fomme de trois cens liv. dont il lui fut expedié Mandement , de même que de celle de deux cens cinquante livres en faveur du Sr Moulinneuf qui travaille pour la Province , qui lui fut accordée pour divers frais de Bureau mentionnez au rolle qu'il fit remettre à l'Affemblée. *Gratification au Sr laBerge.*

Que d'abord qu'ils furent entrez en exer- *Offices Municipaux.*

cice, ils donnerent leur attention à l'affaire alors courante des Offices Municipaux : Il falloit procurer à chaque Communauté la liquidation des sommes qu'elle avoit payé pour l'acquisition des anciens Offices supprimez par l'Edit de 1717. & rétablis par celui du mois d'Aoust 1722. Il falloit verifier les pieces justificatives de l'acquisition de chacun de ces Offices, envoyer & renvoyer plusieurs fois à Mr de Beaumont sur les plus grands éclaircissemens que l'on demandoit à Paris ; & tout cela afin que l'on sçût ce que chaque Communauté avoit à compenser du prix des anciens Offices, avec ce qu'elle devoit donner pour son contingent des dix millions, à quoi les nouveaux acquis par les Communautez de la Province avoient été taxez par le Roy.

Annuel & Homme mourant & confisquant.

Que dans le tems qu'ils travailloient à ce detail immense & des plus vetilleux, ils poursuivoient par de vives & respectueuses remontrances le déchargement de l'Annuel & de l'Homme mourant , auquel on vouloit soumettre chaque Communauté pour ces nouveaux Offices.

Suppression des Offices Municipaux.

Que tout à coup ils se virent delivrez de ces Offices , & par consequent de l'Annuel

& de l'Homme mourant & confifquant, le
Roy ayant trouvé à propos de les fupprimer
generalement par la Declaration du
Juillet dernier ; en forte que le foin qu'ils
prenoient pour payer ces Offices, fut changé à l'inftant, en celui d'en être payez, &
de folliciter le rembourfement que le Roy a
promis du prix qu'il venoit d'en recevoir ;
c'eft à quoi ils travaillent actuellement, ayant
mandé à toutes les Communautez d'envoyer
les Recepiffez des fommes par elles payées,
ce qu'elles ont fait prefque toutes, que l'on
envoit enfuite au Sr de Beaumont.

Qu'ils ont été d'autant plus attentifs à
preffer les Communautez d'envoyer leurs
Quittances, que plufieurs les retenoient, ou
par pareffe , ou par crainte qu'elles ne s'é-
garaffent en chemin ; qu'ils font convaincus
par le detail dans lequel ils ont été obligez
d'entrer de leurs revenus & de leurs charges
pour parvenir aux impofitions fuffifantes,
dont il fera parlé ci-après, Qu'elles ont reçû
le dernier coup de maffuë par les emprunts
exhorbitans qu'il leur a fallu faire pour acheter ces Offices, dans le tems même que l'on
étoit encore étourdis du coup de la Contagion, & que l'on n'avoit pas eu le loifir de
fe compter, & de fçavoir s'il avoit refté af-

sez d'hommes en Provence pour remplir tant d'Offices, dont il est si difficile de retenir le nom.

Que les soins qu'ils prenoient pour l'arrangement de l'affaire des Offices Municipaux, n'empêchoit pas qu'ils ne donnassent en même-tems une attention sans relache pour obtenir de la bonté du Roy, par leurs très-humbles supplications, la suppression du Controlle, Insinuation & Petit-Sceau; levée des deniers, qui, outre l'épuisement où elle jette le peuple, interromp si sensiblement & si notoirement la libre circulation du commerce, qui n'a pas trop besoin qu'on le gene.

Controlle & Insinuation.

Qu'ils se flattoient que le Roy auroit été touché par leurs supplications, autant pour son interest, qui n'est pas de voir deserter ses Sujets, que pour celui de ses peuples, qui ne peuvent agir, negocier & contracter qu'avec des entraves continuelles, crainte de tomber dans les pieges des contraventions, ou de se voir consommer peu à peu ce qu'ils ont de plus liquide en frais de Controlle, Sceau, Insinuation & Centiéme denier, restent dans l'inaction; ou quand ils sont forcez de traiter & de contracter, ils ne le font que verbalement, ou par des écritures privées; ce que l'experience aprend déja estre une source de mauvaises affaires, de procez & la ruine de plusieurs familles, dont la fortune, ne peut être solidement établie que par des Contrats publics & par des hypoteques.

Que cependant ils n'ont pas été assez heureux jusqu'ici d'obtenir cette suppression, ni même la Ferme de ces Droits, leur ayant été répondu, que la même chose ayant été refusée à toutes les autres Provinces du Royaume, il falloit que celle-ci se rangeât sous cette uniformité, & qu'ainsi il sembloit que la Province n'a d'autre ressource que d'attendre, comme les autres, ce que l'experience decouvrira sur le bien ou le mal de l'établissement des ces Droits, qui paroissent trop excessifs & trop incomodes dans le commerce la societé civile, pour pouvoir durer long-tems.

Qu'une de plus grandes difficultez qu'ils ont trouvé à avoir la Sous-ferme, a été le reproche que le Ministre leur a fait sur la negligence, avec laquelle la Province depuis 1705. a exigé les Droits lorsqu'elle a eu la Ferme, comme il paroit par les arrerages qu'elle a laissé faire & qui montent à de grandes sommes : Arrerages dont ils ont suplié le Roy de vouloir bien leur accorder le transport, puisque la Province lui a payé le prix de la Ferme, ce point est encore indecis: que l'on veut bien laisser à la Province les arrerages des Droits pour lesquels elle aura fait des commandemens, mais non pas les autres où il ne paroît d'aucune diligence, quoique Messieurs ses Collegues & lui n'ayent pas manqué de representer, que la guerre de M. le Duc de Savoye en 1707. la mortalité des Olliviers en 1709. la disette des Grains & la secheresse affreuse des années suivantes, & encore plus la Contagion, ne lui ont pas permis, dans ce tems de confusion & de calamité, de donner toute l'attention qui auroit été necessaire à la levée de ces Droits, & qu'elle ne merite pas d'être punie de ce qu'elle a été affligée & malheureuse par tant d'endroits.

Canal.

Le Sr Saurin a ajoûté, que le soin de détourner les maux que la Province souffre ou de les diminuer, n'a pas si fort épuisé leur attention, qu'ils n'ayent tenté de lui procurer encore l'abondance, & la fertilité par le moyen du Canal de la Riviere de Durance, tant de fois projetté par nos peres, qui en ont connu la necessité dans un terrain aussi sec & aussi brûlé par les ardeurs du Soleil,

qu'eſt le nôtre , auſſi bien que le feu Roy
dans ſes Lettres Patentes de 1662.

Qu'ils n'ont jamais douté, que ce Canal ne
pût être porté juſqu'en la Ville d'Aix , & de
là juſqu'au terroir de Marſeille & près de ſon
Port , à cauſe de la grande pente qu'il y a;
que toute leur peine étoit , que la trop grande dépenſe n'excedât l'utilité qui pourroit en
renevir au Roy , à la Province , & ſur tout
aux Villes de la haute Provence , qui étoient
par là comme jointes avec les Maritimes , & à
tous les particuliers , ſoit par le commerce
& la navigation , ſoit encore plus pour les
arroſages durant près de vingt lieuës de pays;
l'Aſſemblée particuliere du 4. Fevrier , ap-
prouvée par celle de Meſſieurs les Procureurs
Néz & Joints du 5. Avril ſuivant , convaincuë que c'étoit là l'unique reſſource pour relever la Province de ſon accablement , &
que le moment favorable étoit venu par les
apparences d'une longue paix , delibera de
ſupplier le Roy & M. le Duc de vouloir bien
envoyer ſes Ingenieurs, pour chercher la ligne de conduite par où ce Canal pourroit
paſſer , & calculer les dépenſes qu'il faudroit
faire ; ce que le Roy eut la bonté d'accorder , & les Ingenieurs furent ſur les lieux d'a-
bord avec Mr le Baron d'Hugues & lui , &

enſuite tout ſeuls avec l'Architecte de la Province , & commencerent leur nivellement
au pas appellé de *Canteperdrix*, & le con-
duiſirent aſſez heureuſement juſqu'à une
montagne qui eſt au terroir de Rogne, ap-
pellée *le Jas-blanc*, que l'on ne peut con-
tourner , & que les ſieurs Ingenieurs ont pre-
tendu qu'il falloit ou trancher , ou percer
pendant deux mille ſix cens toiſes qu'ils furent arrêtez tout court, non par les vains
diſcours des perſonnes intereſſées que l'on
trouve teûjours oppoſées à ces ſortes d'en-
trepriſes , mais par la montagne ; & eurent l'honneur d'en écrire à Monſeigueur le
Duc, & de lui faire ſentir que quelque grand
que fût le bien de ce Canal , la Province n'étoit pas en état d'avancer les ſommes
neceſſaires pour une ſi importante entrepri-
ſe , qui ne pouvoit réüſſir que par une dépenſe Royale : que comme le Roy ne ſçau-
roit laiſſer de monument plus glorieux de ſon
Regne , ni Mgr le Duc de ſon Miniſtere. Il
faut eſperer que ſi la paix continuë, Sa Majeſté , qui outre la gloire d'enrichir & d'illuſ-
trer une des plus precieuſes parties de ſon
Royaume , en retireroit des avantages im-
menſes pour ſa Marine, & pour ſes Armées
en Dauphiné , qu'Elle uniroit , pour ainſi
dire, y employera ſes Troupes.

Que

Que fur la nouvelle qu'eurent Meſſieurs les Procureurs du Pays, de l'honneur que le Roy venoit de faire à M. l'Archevêque, en le nommant Commandeur de ſes Ordres, l'Aſſemblée particuliere crût que la Province devoit lui en temoigner ſa joye par une députation au Luc : Ce devoir étoit indiſpenſable, quand elle n'auroit agi que par reconnoiſſance, & ſon intereſt s'y trouvoit auſſi ; cet honneur fait à un de ſes plus illuſtres Membres, rejailliſſant ſur elle par contre-coup.

M. l'Archevê-que.

Que l'Aſſemblée generale du mois de Janvier 1724. ayant renvoyé pluſieurs affaires importantes à l'Aſſemblée de Meſſieurs les Procureurs Nez & Joints ; cette Aſſemblée tint ſa premeire Séance le 27. Mars ſuivant.

Aſſemb. de M^rs les P. du Pays Nez & Joints, du 27. Mars 1724.

Huit Communautez qui demandoient une diminution de leurs Feux ; c'étoit Draguignan, Frejus, Saint Paul, le Martigues, le Luc, Roquebrune, le Muy & Moans, avoient été renvoyées par l'Aſſemblée generale de 1722. à celle de 1724. celle-cy les renvoya à l'Aſſemblée particuliere de M^rs les Procureurs Nez & Joints, avec cette clauſe, que s'il leur paroiſſoit de la neceſſité

Du ſoulagement demandé par les Communautez de Draguignan, Frejus, le Martigues & autres.

de les foulager , ils le feroient en la meilleure maniere , pour leur donner le moyen de fuivre leurs impofitions.

Draguignan. Qu'elles ne manquerent point de s'y trouver , & avec elles le Biot , Sainte Marguerite - lez - Toulon , Pignans, Carnoules, Sixfours , Gonfaron & le Puget d'Yeres : mais l'Affemblé ne croyant pas qu'elle eût le pouvoir d'écouter leurs plaintes, commença par les renvoyer , pour éviter un plus long fejour de leurs Deputez.

Elle écouta enfuite celles de la Communauté de Draguignan , qui demandoit une reduction de fes foixante Feux , à quarante ; & après avoir difcuté en détail l'état de fon revenu & celui de fes charges , & s'être fait reprefenter le verbal des Sᵗˢ Commiffaires du dernier Affoüagement, l'Affemblée trouva à propos , fous le bon plaifir de celle-ci , que pendant cinq années, à compter du premier Janvier 1724. cette Ville cotifée à foixante Feux , ne le feroit qu'à cinquante , & cependant qu'il feroit furcis aux cent foixante-dixfept mille neuf cens livres des arrerages qu'elle doit à la Province jufqu'à nouvel ordre, que cette grace ne lui fut accordée qu'à la condition que la Communauté payeroit re gulierement à chaque quartier les deniers du Roy & du Pays, & encore les payes échuës & à échoir aux sieurs Marquis de Villeneuve & Bruny ; ce qui ne paroit avoir été fait ni l'un ni l'autre.

A l'égard de la Communauté de S. Paul, *Saint Paul.* il fut deliberé, après le même examen de ses charges & revenus en detail, & après la representation du verbal des sieurs Commissaires de l'Affoüagement de 1696. que durant cinq ans elle ne payeroit que sur le pied de quatorze Feux, au lieu de vingt ; & pour ses arrerages d'environ trente-cinq mille liv. il fut dit qu'il seroit surcis au payemeut jusqu'à nouvel ordre. Cette grace ne fut accordée qu'à la même condition qu'elle imposeroit suffisamment, & payeroit regulierement les quartiers au Receveur de la Viguerie, à quoi elle a satisfait ; & l'autre condition est qu'elle rapporteroit à la presente Assemblée, son Cadastre fait à la forme de la Declaration de 1715.

Le même examen ayant été fait à l'égard *Frejus.* de la Communauté de Frejus, dont on voit au long les doleances dans le verbal de l'Assemblée ; elle delibera de suspendre la ¦levée de dix Feux pour cinq années, à commen-

cer toûjours au prem[r] Janvier 1724. & furcis
jufqu'à nouvel ordre aux cent fix mille liv.
d'arrerages des Impofitions & Capitation , à
condition qu'elle feroit fon Cadaftre à la forme de la Declaration , & le prefenteroit à
l'Affemblée.

Martigues.   Il en fut fait de même pour la Communauté du Martigues, affoüagée trente Feux;
on lui en fufpendit dix pour cinq ans, & encore les arrerages jufqu'à nouvel ordre.

Le Luc.   Le Luc, affoüagé dix-neuf feux, eut une
fufpenfion pour cinq Feux durant fept ans,
& de fes arrerages, fous la même condition
qu'elle impoferoit fuffifamment , ce qu'elle a
fait, & qu'elle feroit fon Cadaftre à la forme
de la Declaration de 1715.

Roquebrune.   Roquebrune , fous la même condition
qu'elle feroit fon Cadaftre à la forme de la
Declaration , & qu'elle impoferoit fuffifamment, fut foulagée de fix Feux durant cinq
ans, & un furfoi pour fes arrerages jufqu'à
nouvel ordre.

Le Muy.   Le Muy affoüagé fept Feux & demi, fut
foulagé pour un Feu & demi durant cinq ans,
fous la même condition.

Et en ce qui eſt de Moans, il fut trouvé ſi accablé à cauſe de la deſertion de ſes Habitans, & que ſon terroir eſt preſque entierement inculte, que l'Aſſemblée trouva à propos, toûjours ſous le bon plaiſir de celle-ci, de ſuſpendre durant ſept ans la levée des Impoſitions du Roy & du Pays, & que pendant ce tems-là, elle impoſeroit pour payer ſes Creanciers particuliers.

La Communauté de Toulon avoit preſenté un Placet à l'Aſſemblée de 1722. contenant deux chefs, l'un pour faire augmenter les dix-huit deniers que la Province rembourſe pour les logemens & les uſtenciles; & le ſecond, pour être rembourſée des fournitures qu'elle fait à onze Corps-de-garde : Cette demande avoit été renvoyée à Mrs les Procureurs du Pays Nez & Joints, qui n'y avoient rien ſtatué ; elle fut renouvellée à l'Aſſemblée generale du mois de Janvier 1724. & renvoyée encore à Meſſieurs les Procureurs du Pays Nez & Joints, leſquels, après avoir entendu les Sieurs Deputez de cette Communauté, qui pretendoient que le prix du bois, du charbon, de l'huile, des chandelles ayant augmenté au triple, il étoit juſte que cette taxe de dix-huit deniers reglée en 1718. fût augmentée : Mais ayant

été consideré par l'Assemblée que cette demande seroit de consequence , & que les
Villes de Sisteron , Antibes, Seyne & toutes les autres Communautez sujettes au pas-
sage des Troupes , ne manqueroient pas de
demander la même augmentation ; il fut deliberé de la rejetter.

A l'égard du remboursement des frais des
onze Corps-de-garde, on fit voir aux sieurs
Deputez de Toulon, que leur Communauté
avoit fait une Declaration en faveur de la
Province le 28. Novembre 1667. par laquelle elle se départoit à l'avenir de ces frais :
ainsi l'Assemblée , en rejettant cette demande , se contenta de lui promettre la protection de la Province auprès du Roy , afin qu'il
reduise le nombre des onze Corps-de-garde ,
ou que si Sa Majesté les trouve necessaires,
Elle ait la bonté d'entrer dans la dépense ;
c'est ce qui a été fait : mais comme l'on n'a
point encore reçû de reponse sur cette affaire, on ne sçait quel en sera le succès.

*Billes de la ban-
que appartenans
à la Province
portez au Tresor
Royal.*

Que la Province a envoyé , comme chacun sçait , à Paris pour deux millions sept
cens quatre-vingt-trois mille livres en Billets
de Banque au Sr de Beaumont pour le payement du Don gratuit & pour la Capitation

des années 1721. & 1722. pour les faire
convertir en Quittances du Trefor Royal &
comptables, que, quoique le Miniftre recon-
noiffe que le Roy doit prendre ces Billets en
payement des Dons gratuits, la chofe n'a
pourtant pas encore été faite, à caufe de la
lanteur des affaires, quelque foin que Meffieurs fes Collegues & lui fe foient donnez
pour preffer le Sr de Beaumont pour avoir
ces Quittances du Trefor Royal.

Que cependant les Srs du Grou & Gautier Treforiers, étant preffez par la Chambre des Comptes, de rendre leur compte des
deniers du Roy & du Pays des années 1722.
& 1723. & des deniers de la Capitation des
années 1718. 1719. 1720. 1721. & 1722.
parce qu'ils n'avoient pas les Quittances
du Trefor Royal & les pieces comptables
en main, ils prefenterent un comparant à
l'Affemblée inferé tout au long dans le verbal, qui delibera, après avoir approuvé les
trois derniers envois des Billets faits au Sr
de Beaumont, comme étant faits de l'ordre
de Meffieurs les Procureurs du Pays de 1722.
de donner pouvoir à Meffieurs fes Collegues
& à lui de dreffer un arrangement convenable aux Sieurs Treforiers, afin de les mettre
en état de rendre leurs comptes fur les deux

millions sept cens quatre-vingt-trois mille livres, aprés en avoir visé les recepissez du Sr de Beaumont, & dressé leur verbal.

Il fut encore dit qu'il seroit donné un arrangement particulier au Sr Gautier, pour le compte qu'il doit rendre à Messieurs les Procureurs du Pays, des droits du Controlle de la Ferme de 1720.

Ces Recepissez de Mr de Beaumont, furent visez, en consequence l'arrangement sut fait, & les Sieurs Tresoriers ont rendu leur compte jusques à 1724. tant des Impositions que de la Capitation à la Chambre des Comptes.

Il ne reste plus qu'à obtenir du Roy les Quittances du Tresor Royal des deux millions sept cens quatre-vingt-trois mille liv. ce qu'on a promis au Sieur de Beaumont que l'on feroit incessamment, ainsi qu'il le mande par toutes ses Lettres.

Augmentation des depenses des Deputez de la Province. Que les plaintes que l'on faisoit depuis long-tems sur la disproportion qu'il y avoit entre les depenses excessives que Messieurs les Procureurs Nez & Joints, les Srs Greffiers & Officiers de la Province étoient obligez
de

de faire en voyageant, & travaillant pour Elle, ayant été renouvellées, l'Assemblée, touchée de cette injustice, delibera, sous le bon plaisir de celle-ci, d'augmenter la retribution de la moitié en sus, en sorte que ceux qui étoient taxez à six liv. en auroient neuf, ceux qui en avoient huit en auroient douze, & ceux de dix quinze, & cela pendant que dureroit la cherté où sont toutes choses.

Chacun fut convaincu que quand (il y a peut-être deux siecles) la Province regla la retribution à ceux qui travailloient & voyageoient pour elle, elle entendit non-seulement de les indemniser des frais du voyage, mais encore de leur donner de quoi soûtenir la dignité de la deputation, & même quelque indemnité au Deputé qui quittoit sa maison & ses affaires, & qu'il y avoit apparence qu'elle n'avoit pas changé ses sentimens honorables, & que toutes choses ayant augmenté depuis cette ancienne fixation d'un à dix pour le moins, cette augmentation de la moitié en sus restoit encore fort au dessous de la proportion de l'ancienne taxe, avec les dépenses d'alors, & par consequent encore assez éloigné de l'ancien esprit de la Province.

E

Que la Viguerie de Mouſtiers fournit dans cette Aſſemblée trois differens ſujets de deliberation. La ville de Valenſolle, qui en eſt un des principaux membres, expoſa en premier lieu, qu'il étoit bien juſte que pour le bois, paille & barraques qu'elle avoit fourni aux Troupes qui gardoient la Ligne du Verdon pendant la Contagion, elle fût rembourſée au même prix que la Province avoit rembourſé tous les autres lieux de la Viguerie qui avoient fait pareille fourniture, & qu'effectivement Meſſieurs les Procureurs du Pays d'alors, en travaillant à la liquidation de Valenſole, avoient mis un *nota* à côté de l'article, qu'il y avoit aparence que ce fut dans la vûë de le reparer : ſurquoi l'Aſſemblée delibera de renvoyer le Placet de cette Communauté à Meſſieurs les Procureurs du Pays, pour verifier la demande ; ce qu'ayant été fait, il lui a été expedié Mandement pour ſupplement du prix deſdites fournitures, enſuite de la liquidation qui en a été faite.

Qu'en ſecond lieu, y ayant procez entre la Province & les Communautez de Valenſole & de Riez, au ſujet de ſept cens quarante livres que la Viguerie de Mouſtiers doit payer pour la reparation qui a été faite au chemin de St. Laurens à Montpezat, il fut deliberé que ce procez feroit arbitré, & que Meffieurs les Procureurs du Pays execute-roient ce qui feroit decidé par les Arbitres..

Qu'en troifiéme lieu, les Communautez de Riez, Valenfole, Puimoiffon, Brunet & Saint Jurs, fe plaignoient de ce que la Com-munauté de Mouftiers avoit fait deliberer dans une Affémblée de Viguerie du 14. Fe-vrier 1723. que les Communautez feroient rembourfées du bois, paille & barraques de la Ligne du Verdon à un taux plus haut que celui fixé par la Province : Mais comme par l'Arreft du Confeil du fept Octobre 1 6 8 o. & par l'Ordonnance de M. Moran du 5. Janvier 1682. il eft dit que le taux fait par la Province ferviroit de regle pour toutes les Communautez, il fut deliberé que celui qu'elle venoit de faire pour les Com-munautez de cette Viguerie de Mouftiers, feroit executé.

Procez entre les Communautés de Riez, Valenfole & autres, & cel-le de Mouftiers, fur le taux fixé par la Province, des fournitures faites à la ligne du Verdon.

Quoique cette Deliberation ait été connuë à la Cõmunauté de Mouftiers & qu'elle doive lui être très-refpectable, elle ne laiffe pas, com-me fi de rien n'étoit, de pourfuivre un procez pour être rembourfée à un taux plus fort ; & qu'il y a apparence que la prefente Affem-blée prendra les mefures neceffaires pour fai-

E ij

re réentrer cette Communauté retive & dif-
cole dans fon devoir.

Que la Province ayant abonné en l'année
Sixiéme denier. 1704. la taxe du Sixiéme denier, pour la
fomme de fept cens mille livres, qui fut
reduite enfuite à celle de fix cens mille liv.
elle en donna le recouvrement au Sr Dugrou,
qui établit des Receveurs dans toutes les Vigueries de la Province; qu'en l'année 1711.
il fe démit de ce recouvrement, & rendit
compte de ce qu'il avoit exigé jufqu'alors;
que ce recouvrement fut donné au Sr Tournatory, fous la caution pourtant du Sr du Grou,
que les chofes refterent en cet état jufqu'en
1714. qu'après cette époque, le recouvrement
a été continué jufqu'aujourd'hui par ledit Sr
Tournatory feul, qui ne donna d'autre caution que quinze mille livres qu'il mit dans
la Caiffe, & que quoique par la Convention
que la Province paffa avec lui, il fe fût obligé de payer la fomme de cent cinquante
mille livres tous les ans, & de finir tout
le recouvrement dans cinq années, &
qu'il eût même grand intereft d'accelerer ce
recouvrement, puifqu'il devoit lui en revenir trois fols pour livre; neanmoins il reftoit encore plus de fix cens mille livres à
exiger dans le tems que la Province étoit encore debitrice de cent vingt mille liv. pour

l'emprunt qu'elle avoit fait pour payer le prix de l'abonnement au Roy.

Sur quoi il fut deliberé que le Sr Ricard Greffier reçû en survivance prendroit connoissance, avec le Sr Tournatory, de cette affaire, pour mettre Messieurs les Procureurs du Pays au fait, que cela a été executé, qu'il a été travaillé soir & matin depuis la fin du mois de May jusqu'à present pour débroüiller ce cahos confus, & pour faire le dépoüillement sur les Sommiers & les Livres de recette de ce qui restoit encore dû, & pour entendre le compte des Receveurs que le Sr du Grou avoit établis à Draguignan, à Toulon, à Marseille, & jusqu'à present on a découvert, après avoit deduit tous les articles pour lesquels les redevables avoient obtenu des décharges, qu'il étoit dû encore plus de six cens mille livres à la Province.

Que le Sr Laugier de Beaurecuëil n'étant plus en état de faire la levée des arrerages de seize cens soixante mille liv. qui sont encore dûës à la Province pour les deniers des impositions de la Capitation, il fut deliberé par la même Assemblée de Messieurs les Procureurs du Pays Nez & Joints, que Mrs les Procureurs du Pays entendroient son compte & lui indiqueroient son payement de ce qui se trouveroit lui estre encore dû sur la Communauté d'Yeres, à compte des arrerages de   qu'elle doit, sauf à la Province de faire faire la levée de ces arrerages importans par ses Tresoriers, suivant l'Etat que le Sr Laugier en donneroit: ce compte a été rendu, & le Sr Laugier a été declaré creancier de quatorze mille deux cens dix-neuf livres neuf sols neuf deniers, qui lui ont été indiquées sur la Communauté d'Yeres. Et pour l'Etat, &c.

Procez entre la Province & le Sr Godemar de Riez, au sujet du changement du Chemin de Riez à Puimoisson.

Que la Province avoit attaqué le Sr Gaudemar de Riez au Bureau des Tresoriers Generaux de France, au sujet du changement d'un Chemin de Riez à Puimoisson : Mais ayant été verifié que ce changement fait depuis 23. ans, venoit de la Communauté de Riez, & non du Sr Gaudemar, le procez fut transigé sans depens pour la Province.

Indemnité du Sr Pascalis maître des Postes d'Avignon.

Que le Sr Pascalis Maître des Postes d'Avignon avoit demandé à l'Assembée generale de 1724. une indemnité pour sept chevaux que M. le Marquis de Quaylus lui avoit pris par force pour le service de la Province, dont il en étoit mort deux ; & ayant été renvoyé à Mrs les Procureurs du Pays Nez & Joints, il fut deliberé de lui donner cinq cens liv. tant pour les deux chevaux morts, que pour tout ce qu'il lui en avoit couté pour reavoir les autres.

Que sur les dissensions entre les Religieu- *Religieuses* ses du Monastere de Saint Pierre d'Yeres, *d'Yeres.* Ordre de Cisteaux, & leur Abesse, il fut deliberé de demander des Commissaires au Roy pour les entendre, & mettre la paix dans cette ancienne Abbaye, que la Province a interest de maintenir ; ce que le Roy a accordé.

Les arrerages immenses d'un million six *Arrerages des* cens & quelques mille livres dûs par plusieurs *Communautez :* Communautez à la Province, mettant un *moyens pour les* dérangement affreux dans son œconomie, *éviter.* & ce desordre ne procedant que de ce qu'elles n'avoient pas imposé suffisamment, comme il avoit été reconnu dans les Assembées de 1718. 1719. & 1724. par les Arrêts du Conseil & par la Lettre de M. le Controlleur General, M^rs les Procureurs du Pays & lui dresserent un plan pour arrester ce desordre, & parvenir à ces impositions suffisantes, tant pour les deniers du Roy & du Pays, que pour les charges negociales ordinaires, prévûës & reglées par les Arrests de verification de leurs dettes , & pour les interefts ou principaux dûs aux creanciers : ce plan ayant efté lû à l'Affemblée de Meffieurs les Procureurs du Pays Nez & Joints , il fut approuvé , fous le bon plaifir de la prefente & du Roy , & il fut envoyé à toutes les Communautez , avec un formulaire de la Deliberation qu'elles prendroient pour faire cette impofition , & une Lettre inftructive qui expliquoit de la maniere dont on pourra ufer de ce formulaire , & par la rigueur qu'ils ont été obligez de tenir pour l'execution de ce falutaire projet, ils ont eu le bonheur de le voir executé à quelques Communautez près, ainfi qu'il paroît par le tableau qu'ils en ont fait dreffer parle Sr Claude Alpheran , que l'Affemblée de Meffieurs les Procureurs du Pays Nez & Joints choifit pour recevoir les Deliberations portant les impofitions, & verifier fi elles eftoient fuffifantes ou non , de quoi il s'eft acquitté avec beauboup de ponctualité.

Cadaftres. Que pour donner un moyen aux Communautez de continuer à faire leurs impofitions fuffifantes, il falloit remedier à l'inegalité dont plufieurs d'entr'elles fe plaignent , & que pour trouver cette égalité proportionnelle , il falloit en venir à un affoüagement, par lequel chacun fupportât fon poids au jufte,

jufte ; à quoi il n'étoit pas poffible de parvenir tant que les Cadaftres ne feroient pas
uniformes , & que les biens dont ils font
compofez , ne feroient pas eftimez d'une
maniere égale ; de quoi on ne pouvoit fe
flatter tant que la maniere d'eftimer refteroit
arbitraire à chaque Communauté , les unes
eftimant cinq cens livres ce que les autres
portent à plus ou à moins ; il fut deliberé
que Meffieurs les Procureurs du Pays feroient proceder à ces Cadaftres uniformes,
& fuivant la Declaration du Roy du mois
de Juillet 1715. que les Experts pourroient
être choifis par les Communautez, fous leur
approbation : Elle nomma quinze Infpec-
teurs , tous gens entendus en ces matieres, *Infpecteurs pour
& la plus-part anciens Procureurs du Pays, *les Cadaftres.*
pour furveiller les Experts & voir s'ils vac-
quoient confomément à la Declaration du
Roy & à l'efprit de la Province ; & afin que
les Experts fçuffent fur quel pied ils devoient
travailler , Meffieurs les Procureurs du Pays,
après avoir examiné cette matiere avec toute la meditation & l'attention qu'elle meri-
toit, & après avoir affemblé à diverfes fois
les fieurs Infpecteurs & conferé avec eux fur
chaque article , ils drefferent un cayer de
Regles & Inftructions qu'ils firent imprimer & evnoyerent à toutes les Communau-

F

tez , dont plusieurs travaillent actuellement à faire leurs Cadastres en conformité.

Registres jour-
naux.

Que le Roy ayant ordonné par ses Declarations du mois de Juin 1716. & 4. Octobre 1723. que tous Depositaires des deniers publics tiendroient des Regîtres journaux conformes au Modelle que Sa Majesté avoit fait distribuer dans toutes les Provinces du Royaume , Messieurs ses Collegues & lui s'étant apperçûs qu'une si salutaire & si belle disposition , qui tendoit à empêcher toutes les infidelitez dans lesquelles ces Depositaires & Comptables pouvoient tomber, étoient negligées en cette Province , crûrent qu'ils étoient indispensablement obligez de forcer les Receveurs des Vigueries à tenir un Regître journal conforme à ces modelles : Et comme il se trouve bien de cas qui ne parurent pas applicables au genre de recouvrement fait par ces Receveurs , & que cette multiplicité d'articles pourroient les embarrasser , ils crûrent que pour les faire operer avec plus de facilité , il falloit leur donner un precis relatif aux Declaration & Modelle, qu'ils firent imprimer , & auquel ces Receveurs se sont conformez à la fin , après quelques difficultez de la part de quelques-uns, qui ont enfin reconnu qu'ils ne pouvoient,

fans fe rendre fufpeets, refufer d'obéïr à une
Loy generale, qui mettoit leur honneur à
couvert & le bon ordre dans les Caiffes pu-
bliques.

Mr Saurin Affeffeur a ajoûté, que le Sr *Procez du Sr*
de Blair Receveur des Confignations & du *de Blair.*
fept & demi pour cent de cette Province,
ayant voulu tenter de foumettre à ce droit
onereux les immeubles des debiteurs faillis,
ou difcuffionnez, qui conviennent amiable-
ment & extrajudiciairement avec leurs creanciers pour leur payement, les fieurs Echevins de Marfeille intervinrent dans le procez que ce Receveur avoit formé contre un
particulier, pour le foumettre à ce droit; &
comme cette pretention étoit de grande
confequence, ils demanderent l'intervention
de la Province, qui la leur accorda, après
une Confultation dans les formes, & fit enfuite un imprimé, par lequel elle établit
quels étoient les veritables droits de ce Receveur, & quelles étoient les extenfions qu'il
y donnoit; & par Arreft du   Juin
dernier, fa pretention fut condamnée avec
depens, qu'il a payé, avec proteftation de
fe pourvoir en caffation de cet Arreft; ce
qu'il n'a encore ofé faire.

Que le Chapitre de Sainte Marthe de Ta-rascon pretendant être exempt des droits de Ferme de la Communauté, sans avoir aucun Titre particulier, comme il le faut en cette Province, où les impositions des Communautez sont de la nature des Tailles, dont nul n'est exempt; les sieurs Consuls de cette Ville demanderent l'intervention de la Province, qui la leur a accordée, après une Consultation des sieurs Avocats, & aux formes ordinaires.

Que la Communauté d'Apt a aussi demandé son intervention en un procez que le Sr Roux Viguier de la même Ville lui a fait au Parlement, dans lequel il pretend connoître des faits de la Police, quoiqu'il n'y ait que les sieurs Consuls en qualité de Lieutenans Generaux de Police qui, suivant l'Edit du mois d'Octobre 1699. en doivent connoître, & Messieurs les Procureurs du Pays, après Consultation, ont donné à cette Communauté leur intervention, aussi aux formes ordinaires.

Que la Province a fait une convention en l'année   avec le Sr Collot Chirurgien de Paris, par laquelle elle s'obligea de lui donner douze cens Ecus de gages pour les ope-

rations à faire à ceux qui font atteints de la
pierre, & il s'obligea de former deux éleves ;
le Sr Pierre Fouque Chirurgien fils & frere
des fieurs Fouque Profeffeurs Royaux Ana-
tomiques, s'étant prefenté pour eftre reçû
pour quatriéme éleve, l'Affemblée particuliere du 4. Juillet 1724. crût qu'on n'en pouvoit trop avoir pour le bien public, & que
le Sr Collot, qui retire de fi grands apointemens, avec fi peu de peine, & qui, quand
il en prend, fe trouve d'ailleurs payé par les
malades, fe feroit d'autant plus de plaifir
d'avoir cet éleve de plus, qu'outre que le
fieur Fouque eft d'une famille fort experi-
mentée en la Medecine, & particulierement
en l'Anatomie, il a d'ailleurs exercé la Chi-
rurgie avec applaudiffement dans l'Hôpital
general de Lyon pendant plufieurs années.

Que Mr le Prefident de Saint Paul ayant
un procez avec la Province, renvoyé par
Arreft du Confeil à M. le Premier Prefident
pour donner fon avis, il a été terminé, on
l'a porté à fe départir de l'indemnité qu'il
demandoit à la Province de la rente de fon
bâteau de Saint Paul qu'il avoit été obligé
de quitter à fon Fermier, & autres dommages qu'il faifoit monter à environ douze cens
livres ; & on lui a accordé feulement qua-

*Affaire contre
Mr le Prefident
de St. Paul.*

tre cens livres fur les fecours du Roy, pour le nouveau bâteau qu'il a été obligé de faire faire à la place de l'ancien qui s'eft perdu au fervice de la Province durant la Contagion, Meffieurs les Commandans ayant ordonné qu'on le feroit defcendre au lieu de Mirabeau, où il fut enfuite laiffé fur le gravier, où il déperit entierement.

Confirmation du Sr Barlatier fils pour Procureur de la Province au Siege.

Que Mᵉ Barlatier procureur de la Province au Siege d'Aix, a remis fon Office à fon fils, qui a demandé à l'Affemblée particuliere du 28. Septembre dernier d'être continué à la place de fon pere, ce qu'elle lui accorda, fous le bon plaifir de la prefente Affemblée.

Habitans du Comté de Sault.

Les habitans du Comté de Sault s'étant plaints au Roy de ce que Meffieurs les Procureurs du Pays ne leur ont pas fait part dans les fecours des quatre millions cinq cens mille livres pour les indemnifer de quatre-vingt mille livres qu'ils difoient avoir depenfé pour les fournitures à la Ligne du Comtat ; & leur Placet ayant été renvoyé à M. le Premier Prefident, qui eut la bonté de le communiquer à Meffieurs les Procureurs du Pays ; ils firent voir que ce Comté ne fait point partie du corps de la Province, ni pas même des Terres adjacentes; que cette Ligne ne fut point mife par leur ordre, ni pour l'utilité de la Province, mais pour garantir le refte du Royaume, & que ce fecours de quatre millions cinq cens mille livres, que les Habitans de Sault femblent envier, fe trouve diftribué aux Communautez de la Province, & par elles confumé, & fort au delà par les dix millions qu'il leur a fallu donner pour les Offices Municipaux qui ont achevé de les épuifer, & on n'a plus oüi parler de cette pretention.

Sur les differentes plaintes qui furent portées à Meffieurs les Procureurs du Pays, qu'il étoit d'une neceffité abfoluë de changer le chemin par où l'on va de Lambefc, d'Eguilles, & de plufieurs autes endroits, au lieu de Gardanne, depuis le grand chemin de Marfeille paffant par l'Uynes, à caufe de fon mauvais état, & du peu d'utilité des reparations qui y feroient faites; Mr. de Garfonnet Conful d'Aix Procureur du Pays, en confequence de la refolution verbalement prife par une Affemblée particuliere, fe porta fur les lieux avec l'Architecte de la Province, pour vérifier ce fait & ordonner les réparations qui feroient jugées neceffaires : Et ayant reconnu que ce chemin étoit imprati-

Chemin de Lambefc, d'Eguilles & autres endroit à Gardanne.

cable pendant sept ou huit mois de l'année, il en ordonna le changement du consentement des parties interessées dans le fonds de Mr de l'Uynes, qui voulut bien consentir à ce que le nouveau chemin fût tracé dans son allée complantée de Meuriers, l'ancien demeurant au moyen de ce supprimé.

Deliberation.　L'Assemblée a approuvé tout ce qui a été fait par Messieurs les Procureurs du Pays, & les a remerciez de tous les soins qu'ils ont pris durant leur administration ; elle a prié le Sr Assesseur de vouloir reprendre dans une autre Séance les affaires qui meritent une Deliberation plus expresse, comme sont l'affaire du sieur Tournatory pour le recouvrement du Sixiéme denier, le Reglement des Communautez pour l'Imposition, les Inspecteurs établis pour la confection des Cadastres & les arrerages dûs à la Province par les Communautez, dont le Sr Laugier Beaurecuëil faisoit l'exaction, & autres.

Dudit jour 13ᵉ *Decembre de relevé.*

Pepinieres.　LE Seigneur Premier President & Intendant a dit, que la derniere Assemblée generale des Communautez ayant deliberé de charger chaque Communauté de faire des Pepinieres

Pepinieres dans leur terroir de toutes fortes
d'arbres tant fruitiers que fauvages, qui croi-
tront naturellement dans chaque terroir, il
fut dit que le Roy payeroit le loyer du fol
de chaque arpent de terre qu'on prendroit
à cet effet : Mais comme on a vû que cette dépenfe feroit d'un très-petit objet pour
chaque Communauté en particulier, M. le
Controlleur General lui a écrit, qu'il n'y
avoit aucun inconvenient de charger ces
Communautez du loyer du terrein.

L'Affemblée a deliberé que chaque Com- *Deliberation.*
munauté en particulier feroit inceffamment
planter ou femer les arbres convenables à
leur terroir, comme un établiffement avan-
tageux à la Province, & qui évitera le dé-
periffement entier des arbres, & qu'elles
payeront le loyer des arpents de terre qui
feront occupez par ces Pepinieres, dont on
donnera des plançons *gratis* à tous les habitans qui en fouhaiteront.

Après quoi a été fait lecture des Delibe- *De la reduction*
rations prifes par Meffieurs les Procureurs du *du foüage des*
Pays Nez & Joints dans l'Affemblée du mois *Commnaautés de*
de Mars dernier, portant reduction de foüa- *Draguignan, &*
gè en faveur des Communautez de Dragui- *autres.*
gnan, Frejus, Saint Paul, le Martigues, le

Luc, Roquebrune, Moans & le Muy pour cinq années, par lesquelles il paroît que Mrs les Procureurs du Pays Nez & Joints n'ont accordé ce soulagement qu'avec une grande connoissance de cause, & après être entré dans le detail de leurs revenus & de ce qu'elles payoient au Roy pour leur contingent.

Deliberation. A été dit qu'après le rapport que fera demain le Sr Alpheran des impositions faites par toutes les Communautez, il sera deliberé sur l'approbation de ce qui a été fait par Mrs les Procureurs du Pays Nez & Joints, qu'on a remercié des soins & peines qu'ils se sont donnez.

Contrats passez à Paris par Mr de Beaumont, en acquittement de ses reconnoissances. Ledit Sr Assesseur a dit, que l'Assemblée de Messieurs les Procureurs du Pays Nez & Joints du mois de Septembre 1720. ayant deliberé d'emprunter un million de livres, pour subvenir aux pressans besoins de la Province, qui étoit alors affligée de la Contagion ; le Sr de Beaumont, en consequence des pouvoirs qui lui furent adressez, emprunta, entr'autres, des sieurs Loüis du Bois & Jean Bale residans à Paris, la somme de six cens vingt mille livres sur ses reconnoissances des 15. 18. 19. & 21. Fevrier 1721. portant promesse de leur en passer des constitutions de rente au denier vingt-cinq, &

cependant de leur en payer l'intereſt ; que l'emprunt fait à compte de ce million, & ce-lui qui fut fait ſur un ſecond million de liv. deliberé par l'Aſſemblée patticuliere du Pays du 3. Fevrier mil ſept cens vingt-un furent ap-prouvez par l'Aſſemblée generale des Com-munautez du mois d'Avril 1722. à compte de cette ſomme leſdits, ſieurs du Bois & Bale furent rembourſez ſur la fin de l'année der-niere 1723. de cent cinq mille deux cens cinquante livres, des deniers empruntez par ſix divers contrats, faiſant partie des treize, qui furent ratifiez par la derniere Aſſemblée generale : Et comme ils ont été depuis rem-bourſez des cinq cens quatorze mille ſept cens cinquante livres qui leur reſtoient dûës de ladite ſomme de ſix cens vingt mille liv. des emprunts que ledit ſieur de Beaumont a fait en vertu deſdits pouvoirs, par cinquan-te-ſix autres contrats paſſez en faveur de di-verſes perſonnes ; Sçavoir, le premier de cinq mille livres en faveur du Sr Michel de Senne, le ſecond de trois mille livres en faveur de Demoiſelle Catherine-Magdelaine Fiche, le troiſieme de vingt-cinq mille livres en faveur de Demoiſelle Anne Cannelaux, le quatriéme de dix mille liv. en faveur du Sr Gerard Huech Seigʳ de Janvoy ; le cinquiéme de vingt-cinq mille livres en faveur dud. Sieur, le ſixiéme de quinze mille livres en faveur dudit Sieur, le septiéme de dix mille liv. en faveur de Dame Catherine-Marie le Gendre veuve de Mr Pecoil, le huitiéme de quinze mille livres au profit de ladite Dame; le neuviéme de sept mille livres au profit de Messire François du Sault Prêtre, le dixiéme de trois mille livres au profit du Sr Jean-Laurens de la Galice Avocat au Parlement de Paris, le onziéme de dix-sept mille cinq cens livres en faveur dudit Sr Gerard Huesch de Janvoy; le douziéme de sept mille cinq cens livres, en faveur dudit Sieur; le treiziéme de vingt mille livres, au profit des Dames Religieuses Benedictines de Charanton; le quatorziéme de douze mille cinq cens livres, en faveur du Sr Simon Baron Bourgeois de Paris; le quinziéme de quinze mille livres, en faveur de Mr le Marquis d'Asfelds; le seiziéme de dix mille livres, en faveur dudit Sr Marquis; le dix-septiéme de deux mille liv. en faveur de Messire François Magnier Prêtre; le dix-huitiéme de cinq mille livres, en faveur de Mr le Pelletier Sous-Lieutenant des Grenadiers des Gardes Françoises, & de Dame de Musnier de Mauroy son Epouse; le dix-neuviéme de dix mille livres, en faveur de ladite Dame le Gendre de Pecoil; le vingtiéme de sept mille cinq cens cinquan-

te livres, en faveur de lad. Dame de Pecoil;
le vingt-uniéme de dix mille livres, en faveur dudit Sr Marquis d'Asfelds; le vingt-
deuxiéme de quinze mille livres, en feveur
dudit fieur Marquis; quatre autres contrats,
deux de quatre mille livres chacun & deux
de deux mille livres chacun, en faveur du
Sr Sachet premier Commis de M. le Marquis
de la Vrilliere; le vingt-feptieme de vingt
mille livres, en faveur dudit fieur Huefch
de Janvoy; le vingt-huitiéme de douze mille cinq cens livres, en faveur dudit Sr Marquis d'Affelds; vingt autres contrats, dont
dix de dix mille livres chacun & dix autres
de cinq mille livres chacun, en faveur de
Dame Genevieve Eleonor de Blois, femme
non commune en biens du Sr George-Ben-
jamin Wiebbeking; trois autres contrats de
dix mille livres chacun, en faveur du Sieur
de Bermond, Ecuyer, ancien Secretaire du
Roy de la ville de Sifteron; deux autres de
douze mille cinq cens livres chacun, en faveur du Sr de Coriolis, Ecuyer, en qualité
de Tuteur de Demoifelle Therefe Lanfant;
le cinquante-quatriéme de fix mille cinq
cens livres, en faveur du fieur Denis Boyer
Marchand de la Ville d'Aix; le cinquante-
cinquiéme de fix mille liv. en faveur du Sr
Laurens Carnaud auffi Marchand de ladite

Ville ; & le cinquante-sixiéme & dernier de trois mille livres, en faveur du Sr Troffier Secretaire en la Cour de Parlement de ce Pays : Il en donne connoiffance à l'Affemblée, afin qu'elle ait agreable de les ratifier, dautant mieux qu'il n'a pas été paffé de nouveaux engagemens, & que la Province n'a fait que changer de creanciers & de forme de creance.

Deliberation.

Sur quoi l'Affemblée a unanimément approuvé lefdits contrats, & a foumis la Province au payement des Principaux, & des interefts ainfi qu'il eft porté par lefdits contrats, & a dechargé ledit Sr de Beaumont des obligations qu'il a paffées à ce fujet, l'a remercié des foins & peines qu'il a pris à l'occafion defdits emprunts, lui promettant de le relever & garantir de tout ce que de droit.

Ledit Sr Affeffeur a dit, que les Recteurs du Refuge de la ville d'Aix ont prefenté un Placet à l'Affemblée, par lequel ils expofent les miferes de cet Hôpital, qui eft à la veille de fa ruine par les engagemens continuels qu'ils ont été forcez de contracter pour fubvenir à l'entretien des filles & femmes qu'il renferme ; fuppliant très-humblement l'Affemblée de lui départir quelque fecours pour éviter la perte de ces femmes & des hommes qui donneroient dans leurs debauches.

Sur quoi l'Assemblée, sans tirer à consequence, & à l'occasion du Jubilé accordé par nôtre Saint Pere le Pape, a deliberé de faire une aumone de cent cinquante livres à ladite maison du Refuge, dont il sera expedié un Mandement par Messieurs les Procureurs du Pays sur le Tresorier de la Province, en faveur des Recteurs dudit Hôpital. *Deliberation.*

Ledit Sr Assesseur a dit, que le Sr Fabre de Colmars, qui étoit Consul & Deputé à l'Assemblée de 1718. demande l'intervention de la Province au procez que cette Communauté lui a fait pardevant la Cour des Comptes, Ayde & Finances, pour avoir la moitié de la rétribution de l'Assemblée à laquelle il fut Deputé, & pour l'assistance au compte du Pays ; ce qui est indécent & bien extraordinaire, car en 1698. cette Communauté ayant fait une pareille demande au Deputé d'alors, l'Assemblée prit une Deliberation, sur les plaintes qui lui en furent portées, par laquelle il fut inhibé à cette Communauté de faire pareille demande, à peine d'être privée de l'entrée aux Assemblées. *Procez de la Communauté de Colmars, contre le Sr Fabre son Deputé à l'Assemblée de 1718 au sujet de sa rétribution.*

Sur quoi l'Assemblée a deliberé qu'il ne *Deliberation.*

ſera plus reçû dans aucune Aſſemblée aucun Deputé de Colmars, que cette Communauté ne ſe ſoit départie du procez qu'elle a fait au Sr Fabre ; & à l'avenir les Deputez joüiront à plein des émolumens de la députation à l'Aſſemblée & de l'aſſiſtance au compte du Pays.

Separation du terroir demandée entre les habitans de Solliés, du bourg des Toucas & ceux du quartier du Pont.

Ledit Sr Aſſeſſeur a dit, que les habitans de Solliez & du Bourg dès Toucas ont preſenté un Placet à l'Aſſemblée, par lequel ils ſouhaitent qu'elle leur donne ſon conſentement pour la diviſion du terroit entr'eux & la Communauté du quartier du Pont, qui ſont trois Hameaux qui ne compoſent qu'un même Lieu : Mais parce que la Province a la ſolidaire ſur ces trois Terroirs, & qu'elle la perdroit en les ſeparant, & qu'il eſt juſte d'oüir les habitans du Pont, s'ils demandent la même ſeparation.

Deliberation. L'Aſſemblée a deliberé de renvoyer cette affaire à Meſſieurs les Procureurs du Pays Nez & Joints, qui entendront toutes les Parties, defricheront la matiere & en feront rapport à l'Aſſemblée prochaine.

Ledit Sr Aſſeſſeur a encore dit, que la Communauté de Château-neuf & celle de Clermont

Clermont obtinrent un Arreſt de la Cour des Comptes, Aydes & Finances, du 18. Janvier 1711. qui ordonne la ſeparation des Terroirs de ladite Communauté de Châteauneuf, d'Upio & de celle de Clermont; l'Aſſemblée de 1717. delibera ſi elle pourroit revenir contre cet Arreſt; elle fit conſulter les Sieurs de Tabaret & de Cormis Avocats, qui furent d'avis qu'elle ne ſeroit pas bien fondée : cependant par la Deliberation de la derniere Aſſemblée du mois de Janvier de la preſente année, il fut deliberé que cette affaire ſeroit de nouveau conſultée, ce qui fut fait le 30. Juillet dernier, & les Avocats, qui étoient les ſieurs Pazery & lui Sr Saurin, furent du même avis que la premiere Conſultation faite par les ſieurs de Cormis & Tabaret; de maniere qu'il ne reſte plus qu'à conſentir à la diviſion de ces deux Terroirs.

Sur quoi l'Aſſemblée a deliberé la ſeparation deſdites deux Communautez de Châteauneuf & de Clermont, leſquelles payeront leur contingent des Impoſitions pour le courant, ſans prejudice de la ſolidaire à l'égard des arrerages, & qu'elles ſeront cottiſées ſeparement dans l'Affoüagement; Sçavoir, la Communauté de Clermont pour un

Deliberation.

H

quart & un vingtiéme de feu, & le reſtant
ſera ſupporté entiérement par la Communauté de Châteauneuf.

Ledit Sr Aſſeſſeur a dit, que Creſpin Meſ-
ſager & Serviteur du Pays, demande à la
Province qu'il lui plaiſe de le faire pourvoir
de l'Office de Sergent Royal exploitant dans
toute la Province, qui avoit été exercé par
le nommé Roumane un deſdits Meſſagers
& Serviteurs du Pays, lequel étant decedé
cet Office n'a pas été levé, quoi que par
Deliberation de l'Aſſemblée du mois de Decembre 1688. il eut été accordé à François
Creſpin ſon pere de s'en faire pourvoir.

Sur quoi l'Aſſemblée a deliberé que Meſſieurs les Procureurs du Pays pourſuivront
la levée des Proviſions dud. Office en faveur
dudit Charles Creſpin, en payant par lui les
frais qu'il conviendra faire à ce ſujet, & ſans
prejudice à Sebaſtien Mangarel de faire la
fonction d'Huiſſier aux Aſſemblées, en qualité de Trompette du Pays, ainſi qu'il a accoûtumé.

Ledit Sr Aſſeſſeur a encore repreſenté,
que le Seigneur du lieu de Voulonne ſe pré-
tend en droit d'exiger de la Communauté

dudit lieu les droits de Quête, Albergues &
Cavalcades, prétendant que cela est accordé en faveur de Foulques d'Agoult par la
Reyne Jeanne Comtesse de Provence, en
1378. Et parce que cette Communauté est
cottisée dans le general de la Province par
l'abonnement qui fut fait en 1691. de ces
droits, elle demande à la Province de lui donner son intervention au Parlement de Dijon,
pour faire débouter le Seigneur desd. droits.

Sur quoi l'Assemblée a deliberé de ne *Deliberation.*
point accorder son intervention ; & si cette
Communauté est comprise dans le nombre de celles contre lesquelles celui qui
étoit chargé du recouvrement de ces droits,
avoit obtenu un Arrest qui la condamnoit
au payement, elle fera valoir ses raisons ainsi
qu'elle avisera.

Led. Sieur Saurin Assesseur a dit, que la *Demande de la*
Communauté de Manosque lui a fait presen- *Communauté de*
ter un Placet pour l'Assemblé, par lequel *Manosque, pour*
elle demande d'estre dechargée de la cotti- *être dechargée*
sation que la Province fait annuellement sur *de contribuer*
toutes les Communautez, à raison de trente- *dans l'abonnemét*
cinq mille livres pour l'abonnement qu'elle *du droit d'Alber-*
a fait des mêmes droits d'Albergues & Ca- *gues & Cavalca-*
valcades, n'ayant jamais été soumise ausdits *des.*

droits, foit parce qu'elle en eft exemptée par une Tranfaction du 26. Aouft 1262. paffée entre François le Grand Commandeur de St Jean de Jerufalem & le Comte de Provence, & encore elle n'eft point comprife dans aucuns des Arrefts que le Traitant obtint contre celles qui y étoient fujettes ; & ayant été fait lecture des Arrefts intervenus, par lefquels il eft juftifié que quarante-neuf Communautez furent dechargées de ce droit, & que nonobftant ce l'on n'a pas laiffé de confondre toutes les Communautez dans ce même abonnement.

Deliberation. L'Affemblée a renvoyé cette affaire à M[rs] les Procureurs du Pays Nez & Joints, pour examiner les raifons tant de la Communauté de Manofque, que des autres qui font au même cas , pour decider cette affaire avec connoiffance de caufe.

Du 14. *dudit mois de Decembre du matin.*

Reprife de la réduction des foüages des Communautez de Draguignan, Frejus & autres. LE Seigneur Archevêque a dit, qu'avant que d'approuver la grace qui a été faite aux Communautez de Draguignan, Frejus, Roquebrune, le Muy, le Martigues, Saint Paul, le Luc & Moans, l'Affemblée avoit jugé à propos d'entendre le Sr Alpheran , pour sçavoir de lui si elles s'en sont renduës dignes, en remplissant les obligations qui leur ont été imposées; comme aux autes Communautez de la Province.

En consequence ledit Sr Alpheran ayant été introduit dans l'Assemblée, a fait son raport, par lequel il resulte que les Communautez de Draguignan, le Martigues & le Mui, mais nottamment celle de Draguignan n'ont point satisfait aux obligations portées par la Deliberation qui leur accordoit la réduction pour cinq années de leurs foüages; la morosité de ces trois Communautez est repréhensible, & elles meriteroient d'estre privées pour toûjours de la grace qui leur avoit été faite.

Sur quoi ledit Seigneur Archevêque a fait entendre au Sr Consul de Draguignan de sortir de l'Assemblée, puisqu'il s'agissoit de deliberer sur un fait qui regarde sa Communauté.

A été deliberé de revoquer la grace qui *Deliberation* a été faite à ladite Communauté de Draguignan, d'avoir reduit pour cinq ans son affoüagement de dix feux, sauf à Messieurs les Procureurs du Pays de la lui rétablir, en fa-

tisfaifant à ce qui eft porté par la Deliberation de l'Affemblée de Meffieurs les Procureurs du Pays Nez & Joints qui la lui accordoit par tout le mois de Janvier prochain :
Comme auffi l'Affemblée a revoqué la même grace faite aux Communautez du Martigues & du Muy, qui n'ont point fatisfait
à la Deliberation de Meffieurs les Procureurs
du Pays Nez & Joints, avec pouvoir neanmoins à Meffieurs les Procureurs du Pays de
la leur accorder de nouveau, en fatisfaifant
pareillement à ce qui eft porté par lad. Deliberation dans le même tems : Ayant au
furplus l'Affemblée approuvé & ratifié les
foulagemens donnez aux Communautez
de Frejus, Saint Paul, le Luc, Roquebrune
& Moans pour la reduction pour cinq années de partie de leur affoüagement.

Experts & Inf-
pecteurs pour les
Cadaftres.

    Led. Sr Saurin Affeffeur a entretenu l'Af-
femblée de l'aprobation que M^{rs} les Procureurs du Pays donnerent aux Experts que
les Communautez leur demandent pour faire proceder à leurs Cadaftres, n'en approuvant aucun qu'il n'ait déja travaillé à de pareilles commiffions, & des Infpecteurs que
la même Affemblée de Meffieurs les Procureurs du Pays Nez & Joints du mois de Mars
dernier, nomma pour voir proceder les Ex-

perts & des regles qu'ils ont données à ces Inspecteurs & aux Experts pour se conformer à la Declaration du Roy du 9. Juillet 1715. ayant été interrompu par l'heure.

Du même jour 14e Decembre de relevée.

LEdit Sr Assesseur a dit , que le Sr Marin fut employé pour l'achat des bestiaux pour la Province dans le tems de la Contagion, & que la derniere Assemblée generale des Communautez ayant reglé ses honoraires à la somme de deux mille livres par an, compris toute sorte de frais; ledit Sr Marin se pourvût à l'Assemblée de Messieurs les Procureurs du Pays, ne paroissant pas estre content de cette retribution, d'autant mieux que celui qui faisoit la même fonction pour Marseille avoit eu , outre les deux mille liv. par an, cinq livres par jour, quand il étoit en voyage, & on lui accorda encore une gratification de quatre cens liv. Messieurs les Procureurs du Pays, quoique pénetrez de la justice de sa demande, ne crûrent pas devoir toucher à ce qui avoit été fait par l'Assemblée generale, & le renvoyerent à celle-ci pour y statuer.

Gratification du Sr Marin employé pour l'achat des bestiaux pendant la Contagion.

Après quoi l'Assemblée s'est informée plus *Delibonation.*

exactément des soins & peines pris par ledit
Sr Marin qui avoit fait profiter la Province
par ses bons marchez, elle a deliberé de lui
accorder, outre les deux mille livres par an,
encore cinq cens livres pour une fois seulement, dont il lui sera expedié Mandement,
de même que desdits deux mille livres par
an, sur les secours.

Procez entre la Communauté de Valensole & celle de Manosque. Ledit Sr Assesseur a dit, que la Communauté de Manosque se plaint que celle de Va-
lensole lui avoit intenté depuis quelques mois
un procez pardevant la Chambre des Eaux
& Forests, pour raison d'une Isle qu'elle
possede depuis un tems immemorial sur la riviere de Durance, & même qu'elle a donné
depuis quelques jours le prix-fait d'une digue,
avec de grands quartiers de rochers durant
30. à 40. cannes ; ce qui feroit que toute
la pleine du terroir dudit Manosque feroit em-
portée, de même que celles des terroirs de
Voulx, Sainte Tulle & Corbieres : que cette
Communauté fait plus, elle tient un Garde-
terre au Bateau qui est sur lad. Riviere, pour
empêcher qu'aucun de ses habitans ne porte audit Manosque le bois qu'ils coupent dans
leurs propre biens.

Deliberation. Après avoir oüi les Deputez de ces deux
Communautez,

Communautez , & celui de Valenfole fe plaignant auffi , de ce que les Confuls de Manofque empêcherent qu'on ne leur portât du plâtre chez eux , & que s'il a arrêté des Payfans qui y portoient du bois , c'eft parce qu'il eft extrêmement cher dans le lieu ; l'Affemblée a deliberé que les differens de ces Communautez feroient terminez par la mediation dudit Sieur Affeffeur & du Sr Ganteaume Avcoat , lefquels Arbitres commettront tels Experts qu'ils trouveront bon pour faire la defcription du lieu , & cependant que les uns & les autres donneront libre paffage aux bois & au plâtre , comme ils faifoient avant ledit procez , fans qu'ils puiffent rien innover ; & toutes chofes demeurant en cet état , lefdits Deputez ont confenti , comme ils en ont le pouvoir de leurs Communautez , à la nomination qui a été faite par l'Affemblée defdits Arbitres ; lequel arbitrage fera fini dans deux mois.

Ledit Sr Affeffeur a encore dit , que le Sr Silvy , qui eft porteur d'un Arreft du Confeil , qui lui permet d'établir une Manufacture de Draps & de Camelots dans la Principauté du Martigues , avec le privilege exclufif pendant vingt ans , demande à l'Affemblée , en conformité de ce qui fe pra-

Manufacture de Draps & de Camelots. Demande du Sr Silvy porteur du privilege.

I

tique par les Etats de Languedoc, qu'elle lui accorde dix livres pour chaque piece d'étoffe qui feront fabriquées dans ladite Manufacture ; Sçavoir, les pieces de Drap de la longueur de vingt-trois aunes, & du double celles du Camelot : La Province trouvant un avantage confiderable dans un pareil établiſſement.

Deliberation. L'Aſſemblée a accordé audit ſieur Silvy dix livres par piece d'Etoffe qui feront fabriquées dans ſa Manufacture, à condition toute-fois que ladite gratification n'excedera pas la ſomme de quinze cens livres ; & pour l'execution de la preſente Deliberation, Meſſieurs les Procureurs du Pays ſont priez de prendre les éclairciſſemens neceſſaires des Commerçans, & d'examiner l'utilité que la Province retirera de cet établiſſement : ladite gratification n'ayant été accordée que pour cette année ſeulement.

Du ſoulagement demandé par divers Communautez. Ledit Sr Aſſeſſeur a dit, qu'il a été preſenté à l'Aſſemblée des Placets par les Communautez de Salonnet, la Garde Viguerie de Toulon, Courſegoules, les Arcs, Biot, Pignans, Carnoules, Gonfaron, Ollioules, Cagnes, Châteauneuf d'Opio, Brignolle, Seillans, Beſſe, Sixfours & Saint Paul, par

lefquels elles demandent d'être foulagées ,
foit par une reduction de leur affoüagement ,
ou autrement.

Sur quoi l'Affemblée a renvoyé tous ces *Deliberation.*
Placets à Meffieurs les Procureurs du Pays
Nez & Joints, pour en prendre connoiffance , & y eftre ftatué par l'Affemblée generale prochaine , fur le rapport qui en fera
fait.

Ledit Sr Affeffeur a dit, que la Commu- *Surçoi demandé*
nauté d'Yeres fait prefenter un Placet à l'Af- *par la Commu-*
nauté d'Yeres des
femblée , par lequel elle dmande d'avoir un *14000. liv in-*
tems pour payer le Sr de Beaurecuëil ci-de- *diquées au Sr de*
vant chargé du recouvrement des anciens *Beaurceuëil.*
arrerages de la fomme de quatorze mille
quelques cens livres, que Meffieurs les Procureurs du Pays ont indiqué audit Sr de Beaurecuëil fur les arrerages que cette Communauté doit à la Province.

L'Affemblée a dit au Deputé de s'accom- *Deliberation.*
moder avec ledit Sr de Beaurecuëil ainfi que
la Communauté trouvera à propos.

Ledit fieur Affeffeur a dit, que les Com- *Voitures fournies*
par diverfes Cō-
munautez de Digne , Caftellanne , Annot, *munautez aux*
Guilleaumes , Colmars , Barreme , les Mées , *Compagnies d'In*
valides en route.

Seyne & autres qui ont logé en route des Compagnies de l'Hôtel Royal des Invalides, leur ont fourni toutes les voitures neceffaires , conformément aux ordres du Roy , pour porter leurs équipages & malades , & que Meffieurs les Procureurs du Pays, en procedant à la liquidation de ces depenfes , n'ont accordé que l'Uftencile, & les ont renvoyées pour les frais de voiture à l'Extraordinaire des Guerres , fuivant l'ufage : Ces Communautez repreſentent à l'Affemblée , que ces fournitures de voiture leur feroient en pure perte , & qu'il ne feroit pas jufte qu'elles les payaffent à leurs propres depens.

Deliberation. Sur quoi l'Affemblée a deliberé , que ces Communautez , & aures qui font dans le même cas , feront rembourfées par la Province des frais defdites voitures , fuivant la taxe du Roy , pour les années 1 7 2 3. & 1724. & à l'avenir.

Fourniture d'un grenier à foin & écuries faite par la Communauté de Digne , aux Cavaliers de la brigade de ce département. Ledit fieur Affeffeur a dit, que la même Communauté de Digne a été obligée de fournir un grenier à foin & des écuries pour les chevaux des Cavaliers de la brigade de ce departement, enfuite d'une Ordonnance du Sr Commiffaire Ordonnateur relative à l'Ordonnance Militaire faite au fujet defdits

Cavaliers, & demande d'eſtre indemniſée par la Province de cette dépenſe.

L'Aſſemblée a deliberé de faire ſur ce ſujet de très-humbles remontrances à Sa Majeſté, & qu'il en ſera fait article dans le cayer, & d'écrire à Monſeigneur le Maréchal de Villars & au Sr de Beaumont, pour obtenir le déchargement de cette depenſe, d'autant mieux que la Province eſt obligée de payer la ſomme de quinze mille livres tous les ans pour l'uſtencile deſdits Cavaliers; ce qui n'eſt pas de même dans les autres Provinces. *Deliberation.*

Mr Saurin Aſſeſſeur a dit, qu'il y a un ancien procez entre les Communautez des Pennes & de Marſeille, pour les limites de leurs Terroirs, qui dure depuis plus d'un ſiecle, & que le Conſeil a renvoyé à M. le Premier Preſident & Intendant pour le juger, auquel procez ladite Communauté des Pennes demanderoit que la Province intervint, parce que ſi celle de Marſeille gagnoit ſon procez, elle lui emporteroit une partie de ſon Terroir, & pretendroit par ce moyen de faire diminuer ſon foüage de quatre feux qu'elle eſt cottiſée conjointement avec celle de Septeme. M. le Premier Preſident a prié *Procez entre la Communauté des Pennes & la ville de Marſeille.*

Mr de Montvallon de tâcher de finir cette affaire à l'amiable ; cependant, de concert avec les Sieurs Echevins de Marseille, ils convinrent de faire faire un plan du lieu ; le Sr Cundier Geometre fut commis de la part de la Province & de la Communauté des Pennes, & les Sieurs Echevins donnerent la commission à un Ingenieur : ils ont travaillé à ce plan ; il s'agit presentement qui doit payer ledit Sr Cundier, la Communauté des Pennes s'est renduë refuante, & il ne voit pas d'autre expedient que de le faire payer par la Province fauf d'en faire : outre ce procez, la Communauté des Pennes, exerçant les droits du Seigneur, pretend d'avoir un foulagement d'un tiers de feu qu'il préfupofe lui avoir été accordé par le Roy René lors de l'infeodation de ladite Terre des Pennes , & de lui tenir compte depuis le dernier affoüagement : Mais parce que ce lieu étoit affoüagé huit feux, on ne fçait pas fi on a eu égard à ce tiers de feu dont on demande la décharge.

Deliberation. L'Affemblée a deliberé que la Province payeroit le Sr Cundier , fauf d'en faire ; & que pour le furplus, les parties fe retireroient à Meffieurs les Procureurs du Pays Nez & Joints, pour tâcher de finir cette affaire par accommodement.

Du 15. du même mois de Decembre,
du matin.

LE Seigneur Archevêque a dit, que par les Inſtructions remiſes de la part du Roy par le Seigneur Premier Preſident & Intendant en cette Aſſemblée, il eſt dit que Sa Majeſté étant informée qu'il arrive ſouvent que quelques-unes des Communautez de cette Province ſe trouvant hors d'état de payer leur contingent du Don gratuit & des autres impoſitions du Pays, par des grêles, des innondations ou d'autres cas fortuits, ſont expoſées à des frais de pourſuite & à des intereſts qui achevent de cauſer leur ruine, d'où il arrive que ces Communautez devenant tout-à-fait inſolvables, leurs charges retombent ſur toutes les autres du Pays, ce qu'il eſt impoſſible de prevenir : Sur quoi l'intention du Roy eſt que l'Aſſemblée ajoûte chaque année aux impoſitions ordinaires du Pays la ſomme qu'elle eſtimera neceſſaire pour remplacer le fonds qui pourroit manquer aux Communautez qui ſeroient hors d'état de payer leur contingent par les cas ci-deſſus, pluſieurs Communautez de cette Province ont porté leurs plaintes à Meſſieurs les Procureurs du Pays du ravage que les in-

Communautez endômagées par les innondations, grêles & autres cas.

nondations & les grêles avoient fait dans leurs Terroirs, ces Communautez sont,

Annot,	Auvare,
Saint Benoît,	La Rochette,
Buous,	Mujouls,
Peyresc,	Quelongues,
Guilleaumes,	Moriés,
Adaluis,	Troüins,
Saufses,	Chaudon,
Le Castelet des Saufses,	Bedejun,
Mousteiret,	Monts,
Le Puget de Roustan,	Seillans,
	Poürrieres,
	Pourcioux,
La Croix,	Roquevaire,
Roquefeüil,	Greoux.

Sur quoi Messieurs les Procureurs du Pays commirent le Sr Durand des Saufses, pour dresser procez verbal du dommage causé par la grêle & les innondations dans le Terroir de dix-sept des susdites Communautez ; les autres ont été faits ou par Monsr Alpheran Consul d'Aix Procureur du Pays qui s'est porté sur les lieux, ou par le Sr Gallicy Consulaire l'un des Inspecteurs nommez pour la confection des Cadastres, & qui a été commis pour dresser procez verbal du dommage

ge caufé dans les Communautez qui fe trou-
voient aux environs des lieux aufquels il tra-
vailloit.

L'Affemblée s'étant fait reprefenter les *Deliberation.*
fufdits Procez verbaux, & reconnoiffant le
befoin que les Communautez ont d'être foulagées d'une partie des impofitions, eu égard
à la perte qu'elles ont foufferte de leur re-
colte, & pour fatisfaire aux intentions de
Sa Majefté, a deliberé qu'il feroit impofé la
fomme de vingt mille livres, pour être re-
partie en faveur des fufdites Communautez,
& de celles de Saint Vincent de Seyne & de
Prat, qui ont fouffert des incendies, dont il
a été auffi dreffé procez verbal l'année pre-
cedente, à proportion du dommage qu'elles auront fouffert & au fol la livre, laquelle fera levée au quartier de Fevrier prochain,
& ne pourra être divertie à autre ufage ; &
la Province payera à l'avenir les frais des
Deputez qui feront envoyez fur les lieux
pour dreffer pareils procez verbaux, lefquels
feront pris fur ladite fomme de vingt mille
livres.

Ledit Sr Affeffeur a fait rapport à l'Af- *Terroirs de Ta-*
femblée de deux Placets qui lui ont été pre- *rafcon & de Bour-*
bon endommagez
fentez de la part de Mr le Prefident de Bour- *par le Rhone.*

bon & de la Communauté de Tarafcon, par lequel ils expofent qu'un bateau de chaî-ne chargé de fourage deftiné pour l'armée qu'on devoit affembler à Barbantanne en 1707. fe detacha du port de la Roche de l'Acier, & vint éhoüer environ un quart de lieuë du terroir de Bourbon ; l'eau qui paf-foit avec plus de rapidité entre ce bateau & la terre ferme, commeça une excavation qui eft du depuis venuë fi confiderable, que Mr le Prefident de Bourbon y a déja perdu plus de foixante fomées de terre : à mefure que ce terrein commença à crouler ou fe dé-molir, feu Mr le Prefident de Bourbon fon pere fit planter des Saules ou Broutieres pour fe deffendre contre la rapidité de l'eau ; en 1708. Mr le Prefident de Bourbon fils voulut faire couper lefdites Saules ou Brou-tieres & en faire planter d'autres : Mais le Seigneur d'aramont, dont la terre eft vis-à-vis & de l'autre côté du Rhôue, crût être en droit de s'y oppofer, & donna en confe-quence une Requefte à la Chambre du Do-maine féant à Montpellier, par laquelle il expofa que par les Edits & Declarations du Roy le fleuve du Rhône faifoit partie de la Province du Languedoc, & fes Ifles, Iflots, Cremens & Accroiffemens qui fe forment dans fon lit appartenans au Roy ou à ceux

qui exercent son droit , le Seigneur d'Aramont, qui, par plusieurs titres , est en droit
de les exercer , demande qu'il soit fait inhi-
bitions & deffenses audit Sieur President de
Bourbon de s'immiscer de toucher à des Saules ou broutieres qui sont nées dans une Isle
ou Islot ou acroissement du Rhône, formé
depuis peu de temps le long du terroir de
Bourbon.

Nonobstant les raisons que Mr le President de Bourbon alleguoit contre les pretentions du Seigneur d'Aramont, qui consis-
toient en ce que le terrein en question n'é-
toit ni Isle, ni Islot, ni acroissement, mais
bien une partie de son terroir de Bourbon,
que le Rhône a commencé de dégrader depuis l'année 1707. à l'occasion du bateau
engravé , il a été rendu un Arrest par la
Chambre du Domaine de Montpellier, par
lequel il est ordonné un rapport de l'état &
qualité du terroir contentieux, s'il fait partie du terroir de Provence, ou si ayant été
démoli peu à peu par le fleuve du Rhône,
il est devenu Isle, Islot ou atterrissement de
cette riviere , & par consequent de la Juris-
diction de la Province de Languedoc : Mais
comme il est dangereux que par l'évene-
ment du rapport , & sous pretexte des De-

clarations du Roy , portant que l'ancien &
le nouveau lit du fleuve du Rhône font partie de la Province du Languedoc , fa terre
& toutes celles qui font le long de ce Fleuve
depuis Barbentane jufques à la mer , qui font
des plus fertiles & des plus confiderables de
la Province , ne foient détruites par le degat
que le Rhône y fait , & que venant à repa-
roître , elles foient infeodées comme lit de
la Riviere , par ceux qui exercent les droits
du Roy en Languedoc , & foient annexées
par confequent à cette Province : la Communauté de Tarafcon eft dans le même
cas , & fi les pretentions de Mrs du Languedoc ont lieu , elle eft en état de perdre
plus de fix cens fomées de terre ; ils fup-
plient l'Affemblée de demander au Roy qu'il
lui plaife de faire pofer des bornes ou limi-
mites le long du Rhône & du côté de Provence , paffé lefquelles les habitans de Languedoc ne pourront pas pretendre d'infeo-
der , ni fe faifir d'aucune terre , fous pretexte qu'elles auront été endommagées ou
demolies par le Rhône.

Deliberation. Surquoi l'Affemblée reconnoiffant l'intereft réel qu'elle a de conferver les terres
qui fe trouvent le long du Rhône , & qui
font expofées à fes ravages & innondations ,

a deliberé de supplier très-humblement Sa Majefté de donner des limites à la Provence du côté du Rhône, & qu'il en fera fait article dans le cayer des remontrances qui fera dreffé : Comme auffi elle a deliberé d'écrire à Monfeigneur le Marêchal de Villars, afin qu'il accorde à la Province fes bons offices.

Aprés que ledit Sr Affeffeur a dit, que par Deliberation de Meffieurs les Procureurs du Pays Nez & Joints du mois de Mars dernier, il eft porté que toutes les Communautez qui n'ont pas fait proceder à leurs Cadaftres en la forme prefcrite par la Declaration du Roy du 9. Juillet 1715. feront tenuës de le faire fans retardement, qu'on fe pourvoiroit contre les Communautez qui feront negligentes, ou en demeure de le faire, & qu'il leur fera permis de choifir les Experts, lefquels feront neanmoins agréez par Meffieurs les Procureurs du Pays, & procederont fur les Inftructions qui feront par eux dreffées, à peine de nullité des Cadaftres ; qu'il feront payez de leurs falaires par chaque Communauté, chacun en droit foi : & afin que tous les Cadaftres foient uniformes, la même Affemblée delibera que le travail defdits Experts feroit fait fous l'infpection

Reprife de l'affaire des Cadaftres.

d'un des Directeurs qui furent choisis par M^{rs} les Procureurs du Pays. Et par une autre Deliberation particuliere du Pays du 26. Juillet dernier, il fut dreffé des Inſtructions ſur leſquelles leſdits Directeurs & les Experts doivent travailler.

Deliberation. Lecture faite deſdites Deliberations contenant choix des Inſpecteurs & les Inſtructions qui ont été envoyées à chaque Communauté, l'Aſſemblée a approuvé leſdites Deliberations, & ordonné qu'elles ſeront executées ſelon leur forme & teneur, & que les Inſtructions contenuës dans l'une d'icelcelles ſeront inſerées dans le cayer qui ſera imprimé des Deliberations de la preſente Aſſemblée, enſemble le nom des Inſpecteurs nommez par M^{rs} les Procureurs du Pays Nez & Joints, & ceux que la preſente Aſſemblée a choiſi pour la même operation, leſquels procederont en conſequence des ordres qu'ils recevront de Meſſieurs les Procureurs du Pays dans les endroits qui leur ſeront indiquez; en quoi Meſſieurs les Procureurs du Pays auront attention d'employer dans les Cadaſtres des Communautez de la Viguerie d'Aix des Inſpecteurs des autres Vigueries.

NOMS DES INSPECTEURS.

MESSIEURS,

ALPHERAN, à préfent Conful, quand
  fon exercice fera fini.
André, Confulaire.,
Champourcin, Confulaire,
Michel, Confulaire,
Montaud, Confulaire,
Galicy, Confulaire,
Vincens, Confulaire,
Pierre de Seguiran,
D'Eftienne Rouffet,
Robert, Referendaire,
Sauvaire, Avocat,
Canceris, Avocat,
Gafpard Roubaud, Bourgeois,
Ollivier, Conful de Tarafcon,
De Corio, Conful de Forcalquier,
Lantois, Conful de Sifteron,
Rochebrun Allemand, Avocat, Conful
  de Digne,
Bellon, Avocat de Brignolle, Conful
  de Brignolle,
De Brunet d'Eftoublon, Maire de Ma-
  nofque,
Durand des Sauffes, Conful d'Annot,
Denans, Avocat, Conful d'Aups,

Isnard, Avocat, Conful de Saint Remy,
Figuieres, de Manofque,
Beaudiny, Avocat, de la même Ville,
Clapiers, Avocat, de Saint Maximin,
Combaud, Ecuyer, de Lorgues,
Regis, du lieu d'Iftres,
Chaudon Saint Martin, de Riez,
Callas de Villepeys, de Frejus,
Jofeph Laugier, de Mouftiers,
Geofroy, Avocat, de Draguignan,
Clerency, Juge de Valenfole,
Leopold d'Albanely, de Graffe,
Peyre, de Barjoulx,
Auvelly, du Luc,
Jean-Jacques du Port, de Saint Paul,
Et Pierre Achard, de Frejus.

Port de Caffis. Ledit Sr Affeffeur a dit, qu'il a été prefenté à l'Affemblée un placet par les Confuls & Communauté de Caffis, qui demandent qu'on rétabliffe leur Port, ou qu'on les décharge des feux qu'on l'a augmentée à l'occafion d'icelui.

Deliberation. L'Affemblée a deliberé qu'il fera accedé par l'un de Meffieurs les Procureurs du Pays, ou telle autre perfonne qu'ils commettront, avec l'Architecte de la Province, pour dreffer procez verbal & devis des réparations à faire

faire à ce Port, & être enſuite donné la
ſomme qui ſera neceſſaire pour ladite reparation, de laquelle le Roy ſera ſupplié d'en
vouloir ſupporter un tiers, la Province un
autre & la Communauté le dernier.

Ledit Sieur Aſſeſſeur a fait rapport d'un
placet preſenté par les Conſuls & Communauté de Sainte Marguerite, qui demandent
d'être unis à la Communauté de Toulon,
attendu que tous les proprietaires des biens
de cette Communauté ſont domiciliez à
Toulon, & par la minimité de leur terroir
autrement qu'ils ſeroient reduits à la dure
neceſſité de deguerpir.

L'Aſſemblée a renvoyé cette affaire à Mʳˢ
les Procureurs du Pays Nez & Joints, pour
s'informer des ſieurs Conſuls de Toulon, ſi
cette union ne leur portera aucun prejudice,
ou pour prendre tel autre parti qui conviendra pour ſoulager cette Communauté.

Dudit jour 15ᵉ Decembre de relevée.

LEdit Sieur Aſſeſſeur a dit, que le Port de
Bouc, qui eſt à une lieuë du Martigues,
eſt preſque comblé, & qu'il eſt abſolument
neceſſaire d'y faire travailler pour le reparer.

L

Deliberation.

L'Assemblée a deliberé qu'il seroit accedé audit lieu par un de Messieurs les Procureurs du Pays, avec l'Architecte de la Province, pour dresser rapport & devis de ladite reparation, & être ensuite pourvû au payement d'icelle, un tiers par le Roy, s'il le trouve à propos, un tiers par la Province, & un tiers par la Communauté du Martigues.

Gratification à Goubard Brigadier de la nouvelle Maréchauſſée.

Ledit Sr Aſſeſſeur a dit, que René Goubard Brigadier de la nouvelle Marêchauſſée de cette Province, a preſenté un placet à l'Aſſemblée, pour qu'il lui plaiſe de lui accorder quelque choſe, pour divers voyages qu'il fit pour la Province dans le tems de la Contagion, ayant l'honneur de ſervir auprès de M. le Premier Préſident & Intendant.

Deliberation.

L'Aſſemblée lui a accordé deux cens liv. pour leſdits differens voyages, dont il lui ſera expedié un mandement par Meſſieurs les Procureurs du Pays, ſur les fonds des ſecours.

Procez des Cōmunautez de Mouſtiers, Riez & Valenſole terminé par la voye de l'arbitrage.

Ledit Sr Aſſeſſeur a dit, que les Communautez de Mouſtiers, Riez & Valenſole ont paſſé un Compromis pour terminer leur procez par ſa mediation, & celle du ſieur Ganteaume Avocat: elles ſuplient très-humblement l'Aſſemblée d'approuver ledit arbitrage.

L'Affemblée a approuvé ledit compromis, & exhorté lefdites Communautez d'acquiefcer à ce que lefdits fieurs Arbitres decideront. *Deliberation.*

Ledit Sr Affeffeur a dit, que la Communauté de Seyne a reprefenté par un placet à l'Affemblée, qu'on lui a pris de la part du Roy cinq toifes de terrein autour des Ramparts, qui eft le plus precieux, & que les particuliers n'ont pas été indemnifez; elle demande d'être dechargée d'un feu à l'occafion de ces cinq toifes du bien fonds; & que la Province eût la bonté de procurer le remboursement aux particuliers à qui ce bien appartenoit. *De l'indemnité du terrein occupé par le Roy autour des ramparts de la ville de Seyne.*

L'Affemblée a renvoyé cette affaire lors de la confection des Cadaftres, en vertu defquels elle procedera à l'affoüagement general, & la Province aura égard au terrein occupé par les fortifications; & pour l'indemnité des particuliers, ils fe pourvoiront à Sa Majefté pour l'obtenir ainfi qu'Elle trouvera à propos. *Deliberation.*

Monfieur Saurin a dit, que les Confuls de Saint Remy, qui ont dans leur terroir des Antiquitez, reçoivent tous-les jours des re- *Monumens antiques de S. Remy.*

proches des paſſans & des étrangers, de ce qu'on ne ſe donne pas plus de ſoin de les conſerver. Ces antiquitez conſiſtent en un Arc de Triomphe & un Mauſolée des Romains , fait à l'occaſion de la défaite des Cimbres & des Teutons, par Cayus Marius : Mais parce que cela regarde toute la Province , & que même elle delibera en 1718. de leur accorder la ſomme de trois cens livres , ils ſupplient très humblement l'Aſſemblée de leur accorder une plus groſſe ſomme pour empêcher le déperiſſement de ces Monumens, qui ſont les plus entiers qu'il y ait peut-être en Europe.

Deliberation.   L'Aſſemblée a deliberé de donner juſques à trois mille livres pour empêcher le déperiſſement deſdites Antiquitez, & qu'elle donnera pendant dix ans cent écus par an , à fur & à meſure du travail qu'on y fera, ſous la direction de Meſſieurs les Procureurs du Pays, ou de telle autre perſonne qui ſera par eux commiſe.

Pont ſur la ri-   Ledit Sr Aſſeſſeur a fait rapport d'un pla-
viere de Verdon cet donné par la Communauté d'Eſparron,
au lieu d'Eſpar- au ſujet d'un pont qui doit être fait ſur le
ron. Verdon ; on delibera dans l'Aſſemblée generale de 1719. qu'un de Meſſieurs les Procureurs du Pays ſe porteroit ſur les lieux pour

examiner en quel des deux endroits ou d'Efparron , ou de Beaudun ce pont feroit plus
utile au public & à la Province : peu de
tems après cette Affemblée la Pefte furvint,
ce qui empecha Meffieurs les Procureurs du
Pays d'executer cette Deliberation : Dans
l'Affemblée de 1722. fans avoir égard à ce
qu'un de Meffieurs les Procureurs du Pays,
n'avoit pû fe porter fur les lieux pour détermi-
ner lequel des deux ponts étoit le plus neceffaire, il fut deliberé que le pont fe feroit à
Beaudun ; en execution de cette Deliberation, Meffieurs les Procureurs du Pays ayant
été fur les lieux , & ayant reconnu l'inûti-
lité du pont de Beaudun , par toutes les raifons qu'ils detaillerent dans le rapport qu'ils
en firent dans l'Affemblée de 1723. cette
Affemblée determina & delibera de ne plus
faire le pont de Beaudun , & revoca à cet
effet la Deliberation prife dans la preceden-
te Affemblée ; en forte que l'on fupplie aujourd'hui l'Affemblée de deliberer la conftruction d'un pont fur le Verdon dans le
terroir d'Efparron , qui eft une route affez
frequentée & un paffage indifpenfable pour les
troupeaux confiderables d'Arles , qui montent
& qui defcendent de la montagne, y ayant
dans le lieu où l'on demande le pont un bateau qui devient inutile à tous les debordemés
de la riviere.

Diliberation.   L'Assemblée a deliberé que par un de M^{rs} les Procureurs du Pays qui iroit sur les lieux avec l'Architecte de la Province, il seroit fait un devis pour sçavoir ce que coûteroit ce pont du côté d'Esparron & l'utilité que le public & la Province en retireront, pour sur le rapport qui en sera fait à l'Assemblée de Messieurs les Procureurs du Pays Nez & Joints, y estre statué, sauf de faire payer aux passans le même droit qu'on payoit en passant la barque, ou tel autre qui sera imposé.

Inspecteurs des Cadastres.   Monsieur Saurin Assesseur a dit, qu'il lui reste encore quelque scrupule au sujet des Directeurs qui doivent donner des instructions aux Experts qui procederont aux Cadastres, pour sçavoir si on les fixera à une des Vigueries, ou non, pour se tirer de toutes les sollicitations qu'on pourroit faire à Messieurs les Procureurs du Pays.

Deliberation.   L'Assemblée a deliberé de renvoyer cette affaire à Messieurs les Procureurs du Pays Nez & Joints, à laquelle Assemblée assisteront les Srs Brunet d'Estoublon Maire de Manosque, de Corio Consul de Forcalquier, Bellon Avocat Consul de Brignolle, & Dorgon de Puimichel, Sieur de Rousset

Consul de Pertuis, que l'Assemblée a commis pour cete affaire tant seulement, & dans laquelle il sera deliberé ce qu'il y aura à faire de plus convenable.

Ledit Sr Assesseur adit, qu'il lui a été pareillement remis plusieurs placets pour la réparation des Chemins ; sçavoir, celui de Riez à Aups & de Castellanne à Grasse, qui fut deliberé l'année derniere 1723. Celui de la plaine de Saint Maximin allant à Marseille, celui allant du bateau de Meyrargues jusques à la ville de Pertuis, celui de la Bastide des Jourdans jusques à l'extremité du terroir de Forcalquier allant à Sisteron, celui qui va d'Aix à Cadenet passant par Saint Canadet & au Puy Sainte Reparade, se jettant dans celui de Peyrolles à Rognes, celui qui va à Lyon, traversant dans le terroir de Cabriez, celui d'Annot à Vergons, celui de Castellanne à Draguignan, & celui de Castellanne à Colmars, celui de Manosque à Apt & à Forcalquier, le chemin de la Sainte Baume passant par Auriol, le chemin de Saint André allant à Thorame long de la riviere d'Issolle, le chemin d'Yeres allant à Toulon passant par le pont de Taule, celui de Gonfaron allant à Solliez venant du côté d'Antibes.

Ponts & Chemins dans la Province.

Deliberation. Surquoi l'Assemblée a renvoyé lesd. placets à Messieurs les Procureurs du Pays, pour être examinez dans une Assemblée particuliere, pour faire choix des réparations les plus pressées, sur tout dans les grandes routes, & en être par eux fait la visite & mis aux encheres à la forme portée par le Reglement de 1687. suivant le devis qui en sera fait par l'Architecte de la Province, lesquels auront égard à ceux qui ont déja été deliberez par les Assemblées generales ; & fera ledit Architecte mention dans le rapport de visite du déperissement desdits chemins, ausquels la negligence des Consuls aura donné lieu, pour ne les avoir entretenus, en fournissant leur contingent à cet effet, ainsi qu'ils y étoient obligez par le susdit Reglement.

Viguiers Roïaux. Réunion de ces Offices aux Communautez. Mr le Baron d'Hugues, premier Consul, Procureur du Pays, a dit, que plusieurs Deputez des Communautez lui ont fait comprendre, que pour ôter toute sorte de jalousie avec les Viguiers Royaux, ils seroient bien aise de réunir ces Charges aux Communautez & de rembourser ceux qui en sont proprietaires.

Deliberation. L'Assemblée a deliberé de faire de très-humbles

humbles remontrances au Roy & d'en charger le cayer pour, la réünion des Charges de
Viguiers, en réboursant ceux qui en sont pour-
vûs, avec les frais & loyaux coûts, suivant la
liquidation qui en sera faite par M. le Premier
Président & Intendant; offrant les Communautez, dont les Offices ne sont pas levez,
de les prendre aux parties casuelles, pour les
faire tous exercer par les premiers Consuls
sortans de Charge, qui exerceront toutes les
fonctions de Viguier, à la reserve de la Ju-
risdiction criminelle, & sans que pour raison de ce les Communautez soient obligées
de lever aucunes Provisions.

Ledit Sieur Assesseur a dit, qu'il y a un *Recepissez du Sr*
grand nombre de Communautez qui n'ont *Chartonnet, pour*
pas envoyé les Recepissez du Sr Charton- *prix des Offices*
net du prix des Offices Municipaux, afin de *Municipaux.*
les envoyer au Sr de Beaumont à Paris, le-
quel, pour éviter des frais à ces Communautez, a pris le parti de ne prendre qu'une
Quittance de finance au nom de chaque
Chef de Viguerie, & il ne sçauroit parvenir
à cette expedition, qu'à mesure qu'il aura
toutes celles qui composent une Viguerie.

L'Assemblée a deliberé, que toutes les *Deliberation.*
Communautez enverroient par tout le mois

M

de Janvier prochain lefdits Recepiffez , autrement que la Province ne leur accordera pas fa protection pour faire cette converfion; & à ces fins , Meffieurs les Procureurs du Pays écriront aux Chefs des Vigueries pour avertir les Communautez de leur dependance.

Le Seigneur Archevêque a dit, qu'il y a une affaire très-importante pour la Province , qui merite attention ; c'eft l'exaction que fait le Sr Tournatori des reftes du Sixiéme denier qu'on lui donna à exiger depuis l'année 1714. & bien loin qu'il ait fait cette exaction comme il devoit , & qui devoit être finie dans cinq années , il s'en eft paffé environ dix & n'a pas obfervé aucune des conditions portées par fon contrat , ayant prié Mr l'Affeffeur d'en inftruire l'Affemblée.

Ledit Sieur Affeffeur a dit, qu'en l'année 1704. la Praovince traita de ces droits; on les avoit reglez à fept cens mille livres , & après on les fixa fix cens mille livres, & la Province en donna le recouvrement au fieur du Grou ; on paya au Traitant environ cinq cens mille livres , qui furent recouvrées par ledit Sieur du Grou : Et çomme la Provin-

ce lui devoit encore quarante mille Ecus,
elle emprunta les 120. mille liv. dont elle fup-
porte les interefts, pour les remettre au
Traitant ; le Sr du Grou étant venu à dece-
der, le Sr fon Fils rendit compte à la Province & fe dechargea entierement de ce recouvrement fur le Sr Tournatori, à qui on
paffa en 1714. un contrat, par lequel on
lui accordoit trois fols pour livre de remife ;
il s'obligea de remettre cinquante mille Ecus
dans le caiffe de la Province dans cinq années, ce qui revenoit à trente mille livres
par an ; il y a mis à la verité quinze mille
livres : mais il n'a pas fatisfait à aucune des
autres conditions portées par fon contrat,
n'ayant exigé du depuis qu'environ quaran-
te mille frans ; M^{rs} les Procureurs du Pays
de l'année 1718. firent un dépoüillemeut des
reftes, par lequel il paroît qu'il étoit encore
dû fept cens mille frans : mais ce dépoüillement n'étoit pas fort jufte, parce qu'on n'a-
voit pas mis fur les Sommiers ou Regiftres,
où étoient toutes les taxes , ce qu'on avoit
retiré à compte : Monfeigneur l'Archevêque ayant voulu voir finir cette affaire, pria
Meffieurs les Procureurs du Pays d'examiner
ce que c'étoit, & depuis le 29. May dernier
ils ont travaillé foir & matin, & fans relâ-
che, à faire un nouveau dépoüillement, ou

M ij

à faire rendre compte aux Commis qui a-
voient été prepofez dans la Province par les
fieurs du Grou & Tournatori, n'y ayant plus
que le compte de ce dernier à oüir , & ils
offrent d'y travailler inceffamment, s'il eft
en état de le leur donner : Il refte environ cinq cens mille livres à recouvrer ; il y
peut avoir environ cent mille livres de non
valeur , mais il croit que ce recouvrement
ira à la fomme de quatre cens mille livres.

Deliberation.   L'Affemblée a deliberé que le Sr Tournatori rendra fon compte par tout le mois,
autrement Meffieurs les Procureurs du Pays
font priez de donner Requête à M. le Premier Prefident & Intendant , contre ledit
Tournatori , pour avoir la contrainte par
corps, attendu qu'il n'a pas rempli fes obligations, & mettre le recouvrement aux encheres , pour le donner à celui qui en fera
la condition meilleure ; & en même-tems
ils font priez , quoi qu'ils foient en état de
fortir de Charge, de continuer de donner
leur foins pour finir cette affaire.

Anciens arrera-
ges dûs à la Pro-
vince, dont le re-
couvremēt avoit
été donné au Sr
Laugier de Beau
recueil.

Le Seigneur Archevêque a dit, qu'il y a
encore une autre affaire auffi importante que
celle du Sr Tournatori , qui eft celle des anciens arrerages, dont le recouvrement avoit

été donné au Sr Laugier Beaurecuëil, & qui vont à la somme de seize cens mille livres.

L'Assemblée a deliberé que les Comunautez redevables desd. anciens arrerages payeront au sol la livre, à commencer l'année prochaine 1725. ce qui sera reglé par Messieurs le Procureurs du Pays Nez & Joints, qui entreront en connoissance de cause des pertes qu'elles ont souffert, & qui ont donné lieu à de si grands arrerages, avec leur prudence ordinaire, & que ce recouvrement sera mis aux encheres à leur diligence, pour être delivré à ceux qui en feront la condition meilleure.

Ledit Sr Assesseur a dit, que les Communautez de Brignolle, Manosque & autres, demandent que l'Assemblée leur nomme tels Inspecteurs qu'elle trouvera bon pour examiner le Cadastre auquel ils ont fait proceder depuis peu, & voir s'il est conforme aux regles que Messieurs les Procureurs du Pays ont donné aux Experts, en conformité de la Declaration du Roy de 1715. parce qu'ils y ont fait proceder depuis peu, & que leurs Cadastres n'ont autres defectuositez que parce que les Experts n'ont pas été choisis par Mrs les Procureurs du Pays, & qu'on pouvoit dans le nouvel affoüagement qui se fera, surcharger lesdites Communautez d'un plus grand foüage, sous pretexte que leur livre cadastrale vaudroit intrinsequement plus de mille livres.

Deliberation.　　L'Assemblée a renvoyé ces placets à Messieurs les Procureurs du Pays, pour y statuer ain si qu'ilstrouveront à propos.

Du 16. du même mois de Decembre, du matin.

Impositions des Communautez.

Le Sr Alpheran établi Directeur desleurs arrangemens.

LE Seigneur Archevêque a dit, qu'il plût à Sa Majesté d'accorder quatre millions cinq cens mille liv. à la Province, pour l'indemniser de ce que les Communautez avoient souffert durant la contagion : mais ce fut avec cette restriction, que Sa Majesté n'accordoit cette grace à la Province, que pour mettre les Communautez en état de suivre le courant des impositions. M. le Controlleur General l'écrivit à M. le Premier President & Intendant, afin qu'elles imposassent suffisamment pour subvenir à leurs depenses annuelles ; de façon que dans une Assemblée de Messieurs les Procureurs du Pays Nez & Joints, qui fut tenuë dans le mois d'Avril dernier, on trouva à propos d'obliger toutes

les Communautez de faire une imposition
suffisante ; & pour suivre de près cette affaire, on commit le Sieurr Alpheran, dont
la capacité & la probité sont connuës de
toute l'Assemblée, & qui a fait un travail très-
considerable à ce sujet, & qui continuëra de
même les années subsequentes, comme on
a pû juger par le rapport qu'il fit à l'Assemblée de ce qu'il avoit fait : mais parce qu'il
a travaillé utilement pour la Province, il est
juste de lui donner des apointemens propor-
tionnez, & il seroit d'avis de lui accorder
la somme de quinze cens livres annuellement, pour l'arrangement qu'il fait pour
toutes les Communautez, ayant prié l'Assemblée d'y deliberer.

Sur quoi l'Assemblée, convaincuë de la *Deliberation.*
necessité de ce travail, que Sa Majesté paroît souhaiter, & qui est également utile à
la Province & aux Communautez qui la
composent, & connoissant d'ailleurs l'experience, la droiture & les talens dudit Sr Alpheran, l'a unanimément nommé & établi
Directeur des arrangemens des Communautez de Provence, & lui a attribué quinze
cens livres d'apointemens par an, tant qu'il
plaira à de pareiles Assemblées de le continuer
dans cette fonction ; & à ces fins Messieurs

les Procureurs du Pays lui feront expedier mandement de quinze cens livres pour la presente année 1724.

Compte rendu par le Sr Gautier, qui avoit été chargé de la recette des droits de Controlle. Ledit Sr Assesseur a dit, qu'il avoit oublié de mettre dans sa Relation des affaires qui se sont passées durant leur administration, Comme le Sieur Gautier avoit rendu son compte de la recette du droit de Controlle dont il avoit été chargé de l'inspection.

Deliberation. L'Assemblée a approuvé & ratifié la clôture dudit compte, & dechargé ledit Sieur Gautier, conformément à icelle.

Demande de la Communauté de Toulon, sur le taux des Ustenciles, & la dépense des Corps-de-garde. Ledit Sr Assesseur a encore dit, que la Communauté de Toulon dans la derniere Assemblée generale des Communautez, avoit fait deux demandes à la Province, l'une pour l'augmentation des Ustenciles & l'autre pour engager la Province à contribuer aux frais de onze Corps-de-garde qu'elle suporte : l'Assemblée la debouta du premier chef, attendu les consequences, & auroit fait la même chose du second, à cause de la convention passée entre la Province & les Srs. Consuls de ladite Ville, par laquelle ils se départent pour toûjours de la contribution qu'ils demandent aujourd'hui pour lesdits Corps-de-garde :

garde : Mais comme ils avancerent qu'il y en avoit beaucoup d'inutiles , l'Assemblée leur promit la protection de la Province auprès de Sa Majesté , pour la supplier très-humblement de les décharger des Corps-de-garde qui seroient inutiles , & de pourvoir pour l'ustencile des autres. Sa Majesté a répondu au cayer des remontrances qui lui furent faites , & à l'article dont il s'agit, qu'Elle ne pouvoit point entrer dans la dépense des Corps-de-garde , attendu les consequences : Et les sieurs Consuls de Toulon viennent à la recharge, & demandent que la Province y entre pour quelque chose.

Deliberation

L'Assemblée a renvoyé le placet desdits sieurs Consuls de Toulon, à Messieurs les Procureurs du Pays Nez & Joints, pour l'examiner , & s'instruire des raisons, pour en faire rapport à la prochaine Assemblée.

De l'imposition

Le Seigneur Archevêque a dit, qu'il est necessaire d'imposer pour tout ce qui a été accordé par cette Assemblée, pour le Don gratuit & autres charges indispensables de la Province.

Deliberation

Sur quoi l'Assemblée a deliberé qu'il sera imposé & mis fonds de la somme de six cens liv.

pour chaque feu, pour être exigées des Communautez de la Province contribuables à ses charges en l'année prochaine 1725. suivant la repartition qui en sera faite ci-après : Et parce que cette imposition ne sera pas suffisante pour payer toutes les charges, on a prié le Sr Gautier Treforier des Etats, d'avancer la somme de cent mille livres, dont on lui payera les interests au denier seize, à commencer au premier Janvier prochain, jusques à ce qu'il en soit remboursé, & qu'on lui ait remis des fonds en main pour les faire cesser. Ce qu'il a promis de faire.

Avance de 100. mille livres pour supléer à la défectuosité des Impositions.

IMPOSITIONS.

Gouverneur.

Pour les apointemens de Mgr le Gouverneur & l'entretenement de sa Compagnie des Gardes, il sera exigé pendant l'année suivante 1725. dix-sept livres par feu, aux quatre quartiers également.

Lieutenant de Roy.

Pour les apointemens de la Charge de Lieutenant de Roy en ce Pays, & pour ceux de l'année prochaine 1725. ella a imposé six livres par feu, exigibles aux quatre quartiers également.

Prevôt.

Pour ce que la Province doit contribuer

pour la Compagnie du Sr Prevôt des Maré-
chaux, il sera exigé, suivant l'imposition faite par les derniers Etats, cinq livres par feu,
aux quatre quartiers de l'année prochaine
également.

Pour les gages des Officiers de la Province, frais des procez, dépenses imprevûës,
payement des interests aux proprietaires des
heritages compris dans les Fortifications ou
Boulangerie de Marseille, Toulon, Antibes,
Seyne & Colmars, & pour l'abonnement des
Huiles, il a été imposé par ladite Assemblée
trente livres par feu, exigibles aux quatre
quartiers de l'année prochaine également.

*Gages des Offi-
ciers de la Pro-
vince, & autres
dépenses.*

Pour les rentes ou pensions constituées
sur la Province des sommes capitales par elle empruntées, l'Assemblée a imposé cent
soixante livres par feu, exigibles ; Sçavoir,
quarante livres au quartier de Janvier, Fevrier & Mars prochain ; trente livres à celui
d'Avril, May & Juin ; quarante - cinq livres
à celui de Juillet, Aoust & Septembre & autres quarante-cinq livres à celui d'Octobre,
Novembre & Decembre de l'année 1725.

Pensions.

Pour la compensation des Tailles de M.rs
les Officiers des deux Cours du Parlement

*Compensation
des Tailles de
Mrs les Officiers
des deux Cours.*

& des Comptes, il a été imposé par les derniers Etats, une livre cinq sols, exigible au quartier d'Octobre de l'année prochaine.

Don gratuit. Pour subvenir au payement de la somme de sept cens mille livres accordée au Roy pour le Don gratuit de l'année prochaine 1725. l'Assemblée a imposé la somme de deux cens trente-cinq livres par feu, exigible, Sçavoir, au quartier de Janvier, Fevrier & Mars ; soixante-sept livres, & cinquante-six livres à chacun desdits trois autres quartiers d'Avril, Juillet & Octobre de la même année.

Vieux Droits. Pour le payement des trente-cinq mille livres de l'abonnement des droits d'Albergues, Cavalcades, Directe universelle & autres vieux droits, il a été imposé douze liv. par feu, exigibles aux quatre quartiers également.

Comissaires des Saisies réelles & Maîtres des Postes. Pour payer les deux mille livres des Saisies réelles, & pour l'augmentation des gages des Maîtres des Postes, leur tenant lieu d'indemnité des Tailles, il a été imposé deux livres par feu, exigibles au quartier d'Avril, May & Juin prochain.

Depense des Trompes. Pour le remboursement de la dépense des

Troupes de Cavalerie, Dragons & d'Infanterie en route ou en quartier dans la Province pendant la preſente année : Comme auſſi pour payer les faſtigages & uſtenciles des Garniſons établies à Tolon, Antibes & autres lieux, l'Aſſemblée a impoſé la ſomme de quatre-vingt-ſeize liv. exigibles, ſçavoir, trente livres au quartier d'Avril, May & Juin prochain, & trente-trois livres à chacun des autres quartiers de Juillet & d'Octobre ſuivans.

Pour les frais de la reddition du compte du Pays en la Chambre des Comptes, l'Aſſemblée a impoſé ſix livres par feu, exigibles aux quatre quartiers de l'année prochaine également.

Frais du Compte

Pour la réparation des Ponts & Chemins de la Province, l'Aſſemblée a impoſé dix livres par feu, exigibles aux deux derniers quartiers de l'année prochaine également.

Ponts & Chemins.

Pour les frais de cette Aſſemblée, il a été impoſé douze livres quinze ſols par feu, à imputer ſur le premier quartier de Janvier, Fevrier & Mars prochain.

Frais de l'Aſſemblée.

Pour donner du ſecours & payer une par-

Communautés grêlées.

tie du contingent des Communautez qui ont
été ravagées par la grêle , l'innondation
ou incendie , l'Assemblée a imposé au
premier quartier de Janvier , Fevrier &
Mars prochain , sept livres par feu.

Total des Impo-
sitions.

Toutes lesquelles impositions mentionnées
ci-dessus , reviennent à la somme de six cens
livres par feu , dont l'exaction sera faite par
les sieurs du Grou & Gautier Tresoriers des

Detail des quar-
tiers.

Etats ; Sçavoir , cent quarante-cinq livres
quinze sols au premier quartier de Janvier,
Fevrier & Mars ; cent trente-sept livres au
quartier d'Avril , May & Juin ; cent cinquan-
te-huit livres à celui de Juillet , Aoust &
Septembre ; & cent cinquante-neuf livres
cinq sols au quartier d'Octobre , Novembre
& Decembre de l'année prochaine.

Gratification au
Sr Coquilhat.

Le Sr Assesseur a dit , que le Sr Coquilhat lui a remis un projet imprimé , qui tend
à procurer plusieurs avantages à la Province.
1°, d'y faire reparer & cultiver les biens
negligez & laissez en friche. 2°, d'y procurer l'abondance des fourrages. 3°, d'y faire
cesser & même réparer les dommages, que
souffrent journellement plusieurs biens de la
Province pour le défrichement. 4°, d'empêcher la ruïne & destruction des bois. 5°,

d'arrêter, ou du moins rendre beaucoup moindre, les gros ravages que font dans les meilleurs fonds les Torrens & Rivieres, & principalement la Durance ; & il demande qu'il plaise à la Province de lui donner quelque gratification pour avoir imaginé led. projet.

L'Assemblée a deliberé de lui accorder cent cinquante livres, pour l'indemnifer de l'impreffion & des dépenfes qu'il a été obligé de faire ici à ce fujet. *Deliberation.*

Le Seigneur Archevêque a dit , que par le Reglement des Etats , il doit être nommé annuellement un Gentilhomme poffedant Fief, pour affifter de la part de Meffieurs de la Nobleffe, au compte du Pays ; il doit être choifi du nombre de ceux qui affiftent aux Affemblées , étant à celle-ci d'en faire le choix pour le compte de 1 7 2 4. avec les premiers Confuls des Communautez à tour de rolle. *Deputation au compte du Pays.*

Sur quoi l'Affemblée a unanimément nommé le Sr Pierre d'Eyminy , Ecuyer , Sr de Mablan la Meffe, premier Conful & Député de la Ville de Tarafcon, pour affifter au compte de l'année 1724. de la part de Meffieurs de la Nobleffe, avec le Sieur de *Deliberation.*

Gilles Ecuyer, Sieur de Mouſſe, premier
Conſul de Lambeſc, & le Sr
Vivian Bourgeois Conſul de Trets, pour
l'intereſt deſdites Communautez, ſans tirer
à conſequence ; auquel compte aſſiſteront
auſſi ceux qui ont accoûtumé d'y être, ſuivant le Reglement des Etats, par la fonction de leurs Charges.

Le Seigneur Archevêque a fait ſçavoir à
l'Aſſemblée tout ce qu'il avoit fait étant en
Cour pour les affaires de la Province; & a dit
que Mgr le Marêchal de Villars a été par
tout avec lui, s'étant porté de la meilleure
grace du monde, avec beaucoup de chaleur
& de zele pour la Province.

L'Aſſemblée a remercié très-humblement
ledit Seigneur Archevêque, de tous les ſoins
& peines qu'il s'eſt donné pour la Province,
& l'a ſupplié de vouloir bien les continuer,
ainſi qu'il a fait par le paſſé ; & elle l'a prié
d'écrire, auſſi - bien que Meſſieurs les Procureurs du Pays, au nom de la Province,
à Monſeigneur le Marêchal Duc de Villars,
pour lui rendre de très - humbles actions de
graces, de la protection qu'il lui accorde.

Ledit

Ledit Sr Affeffeur a dit, qu'il n'a plus aucune propofition à faire à l'Affemblée, & a
requis la publication du Procez verbal qui
en a été dreffé ; lequel a été lû & publié
l'Affemblée féant, & a remercié le Seigneur
Premier Prefident & Intendant au nom de
l'Affemblée, des bons offices qu'il a rendus
à la Province dans toutes les occafions qui
fe font prefentées, & particulierement durant la féance de l'Affemblée.

*De tout ce que deffus, il appert dans
les Regiftres du Greffe des Etats de
Provence, aufquels Nous Souffignez
Greffiers defdits Etats nous raportons.*

Signez, MORICAUD *Greff.* DEREGINA *Greff.*

TABLE

A.

B.

C.

Fin de la Table.

REGLES

DONNE'ES PAR MESSIEURS

LES PROCUREURS DU PAYS,

Aux Sieurs Inspecteurs & aux Experts qui doivent faire les Cadastres des Communautez
de Provence, en execution de la Declaration
du Roy du 9. Juillet 1715. & de la Deliberation de Messieurs les Procureurs du Pays
Nés & Joints, du mois d'Avril 1724.

A AIX,

Chez Joseph David, Imprimeur-Libraire ordinaire du Roy, du Pays & de la Ville.

M. DCC. XXIV.

DANS L'ASSEMBLE'E PARTICULIERE
du Pays du 26. *Juillet* 1724. *il a été proposé*
& deliberé ce qui suit.

Mr SAURIN, Ecuyer, Docteur és Droits, Assesseur d'Aix, Procureur du Pays, a dit, que pour
remplir l'intention du Roy & celle de la Province,
qui est que les Communautez contribuent aux charges des deniers du Roy & du Pays avec une égalité
proportionnelle, il a été jugé necessaire de donner
aux Experts qui vont faire les Cadastres une regle qui
soit generale & unique dans la Province, & qui con-
vienne pourtant à chaque Communauté, afin qu'elles
reconnoissent qu'elles ont été traitées avec cette égalité si fort desirée par la Province & par Messieurs
les Procureurs du Pays ses Collegues : Il a ajoûté
que cette regle a été dressée avec beaucoup de meditation & d'attention par Messieurs les Procureurs
du Pays, après avoir consulté durant long-tems les
personnes les plus experimentées & les plus acreditées
en cette matiere de Cadastres ; & ledit Sieur Saurin
a remis le Projet des Regles qui doivent être gardées
par les Experts, conçû aux termes suivans.

L'Intention du Roy par sa Declaration du 9. Juillet 1715. & celle de la Province, qui en a envoyé un Exemplaire à toutes les Communautez qui la composent, est qu'elles contribuent aux deniers du Roy & du Pays avec une proportion égale, & qu'une Cõmunauté ne soit pas cottisée dix feux quand une autre ne sera pas cottisée davantge, quoi que son terroir & ses facultez soient plus considerables.

Cette inégalité entre Communautez associées renferme une injustice : Elle fait encore que celles qui se trouvent par là plus surchargées ne pouvant suivre celles qui le sont moins, sont forcées de rester en arriere, & de se laisser accabler par leurs arrerages qui les dérangent, & dont le contre-coup dérange ensuite la Province , & par consequent toutes les autres Communautez.

Comme cette inegalité dont les Communautez en grand nombre se plaignent, ne sçauroit être réparée que par l'Affoüagement qu'elles demandent depuis plusieurs années, & qu'il ne seroit pas possible que cet Affoüagement fût dans sa juste proportion, tant que les Cadastres ne seront pas uniformes, & que les biens dont ils sont composez ne seront pas estimez d'une maniere égale (égalité qu'il ne faudroit pas attendre tant que l'estimation resteroit arbitraire à chaque Communauté, les unes estimant 500. liv. ce que les autres portent à plus ou moins.) Il a été dressé les Articles suivans pour donner aux Communautez & aux Experts une seule & même regle. 1° Pour l'Arpentage & la contenance des biens. 2° Pour for-

mer l'eſtimation. 3° Pour former la cottiſation &
l'encadaſtrement. Et 4° pour la conduite & procedure
qu'ils ont à tenir pour trouver la juſte valeur.

CHAPITRE PREMIER.

Regle pour l'Arpentage & la contenance des biens.

1° Les biens feront meſurez à cannes de huit pans,
& les Arpenteurs reduiront leurs arpens à cette meſure au plus juſte.

2° Les Experts declareront dans le Procez verbal
du Cadaſtre de chaque lieu la quantité de cannes dont
les charges de terres dudit lieu feront compoſées, auſ-
fi bien que les diviſions qui feront faites deſd. charges, foit en émines, feſtiers, civadiers, pognadieres,
coſſes, euchenes & autres diviſions dont les Communautez font en uſage de fe fervir.

3° Les Experts en uſeront de même pour les vignes, preds, aires, & declareront la quantité de cannes dont feront compoſées les carteirades, foucherées,
foſſerées, & autres contenances fuivant les dénomi-
nations dont les Communautez font en uſage de fe-
fervir.

4° La contenance du fol & place des maiſons &
bâtimens de la campagne fera donnée par cannes.

5° L'arpentage contiendra les foſſez & les murailles, & les Experts auront égard en leur eſtimation à
l'utilité ou incommodité deſdites murailles & foſſez.

6

CHAPITRE II.

Regles pour former l'estimation.

1° Le bien de toute qualité sera estimé à sa juste valeur, eu égard à sa proximité ou éloignement, & aux autres commoditez & incommoditez.

2° Chaque proprieté sera estimée par raport à sa qualité de terre culte, inculte, bois, vergers, vignes, preds, jardins, cloaques, & autres qualitez.

3° Si un affard ou tenement est composé de terre culte, inculte, bois vergers, preds, jardins, cloaques, aires, & biens d'autre nature, les Experts les distingueront, & exprimeront la contenance & l'estimation de chacune de ces qualitez.

4° Et pour parvenir à l'estimation de toutes ces qualitez de biens à leur juste valeur, les Experts se feront representer les Registres des Notaires du lieu où ils procederont, pour y voir sur quel pied & à quel prix les ventes ont été faites pendant vingt années avant le premier Juillet 1719. tems de la circulation forcée des Billets de la Banque, & verront aussi au Greffe les collocations depuis les mêmes années ; mais ils ne doivent pas se fier à quelques Actes de vente & à quelques collocations, il faut qu'ils en voyent plusieurs & de differens quartiers, sans pourtant s'arrêter entierement ausdits Actes & Collocations, & ils doivent concilier autant qu'il se pourra le produit avec l'estimation, ainsi qu'il est observé en l'Article ci-après.

5° Pour connoître le veritable produit des biens,

les Experts auront égard seulement aux dixmes & aux censes, & tasques Nobles & Seigneuriales, & n'auront point d'égard aux autres censes roturieres , services, surcens, pensions, rentes foncieres, tailles ou impositions de la Communauté, ni generalement à quelles autres sortes de charges lesdits biens peuvent se trouver soûmis.

CHAPITRE III.

Comment les Experts doivent former la cottisation & encadastrement.

1° Les Experts se conformeront à la Declaration du Roy du 9. Juillet 1715. à l'effet dequoi les estimations seront reduites en livres cadastrales de 1000. liv.

La livre cadastrale sera reduite à seize onces , & l'once sera reduite en quart , demi quart, seiziéme , trente - deuxiéme & soixante-quatriéme d'once, conformément à l'Art. II. de la Declaration.

2° Les maisons & autres bâtimens des Villes , Bourgs, Villages & de la Campagne , ne seront estimez, cottisez & encadastrez que pour le sol & plaçage qui sera estimé à sa juste valeur, eu égard aux avantages & commoditez de l'emplacement dudit sol.

3° Les Moulins à bled, à huile, à papier, à soye, les Martinets à fer & à cuivre, & les autres Edifices de pareille nature, ne seront cottisez & encadastrez que pour la moitié de leur juste valeur.

4° Il sera fait un Livre-Cadastre en très-grand papier & en grande marge, contenant les Cottes de chaque poffedant bien par nom, qualité & demeure, par ordre & lettre alphabetique du nom de la famille.

Après chaque Cotte on laiffera vuide le reftant de la page, & une autre page en blanc, afin de pouvoir augmenter les Cottes par les acquifitions.

5° Sur la Cotte de chaque poffedant bien, il y fera mis toutes fes poffeffions, s'il y a un affard & tenement de baftide qui foit contigu, le quartier du terroir, les confronts, les differentes natures des biens, de terres cultes, incultes, bois, vergers, preds, vignes, jardins, placeage des bâtimens, patys, bergeries, loges à cochons, garennes, fours, colombiers & autres qualitez, le tout diftingué par contenance de cannes reduites en charges, carterées & foucherées, avec l'eftimation en particulier de chacune nature defdits biens; & enfuite faifant un total de l'eftimation, elle fera reduite en livres cadaftrales, & l'alivrement de tout led. article tiré hors ligne en chiffre.

6° Les autres proprietez non contiguës d'un affard de baftide, quoique d'un même fermage & autres proprietez, foit qu'elles foient au même quartier ou à des quartiers differens, feront cottifées & encadaftrées, feparement article par article, & chaque article contiendra le quartier du terroir, les confronts, la nature, la contenance, tant en cannes qu'en reduction en charges, carterées & foucherées, fon eftimation & fon alivrement qui fera auffi tiré hors ligne en chiffre.

7° A la fin de chaque Cotte, il fera fait un fommaire total de l'alivrement qui fera écrit au long, &

enfuite

enfuite tiré en ligne en chiffre ; & à la fin dudit Cadaftre il fera fait un fommaire total écrit en long de
l'alivrement du Cadaftre , dont il fera fait mention
dans le procez verbal des Experts.

8° A la fin du Livre-Cadaftre , il y aura un Reper-
toire du nom de tous les poffedans biens par ordre
alphabetique du nom de la famille qui indiquera le
feüillet de leurs Cottes.

9° Il fera fait un double du Procez verbal des Experts & de la Table mife à la fin du Cadaftre , lequel
fera inferé dans le Livre des Deliberations pour être
tenu dans les Archives de la Commnnauté , & y avoir
recours quand befoin fera.

CHAPITRE IV.

Touchant la conduite & la procedure que les Experts
doivent tenir.

1° Le Sieur Directeur & les Experts s'étans portez
fur les Lieux , les Confuls leur remettront un état par
ordre alphabetique du nom des quartiers de leur ter-
ritoire dans un Cayer de grand papier en blanc , y
ayant à la tête de chaque feüillet le nom d'un quartier feulement , & un pareil état des quartiers de la
Ville , Bourg ou Village , aufquels Experts les Sieurs
Confuls remettroient les anciens Cadaftres quand ils
en feront par eux requis.

2° Ils iront aux Etudes des Notaires & aux Gref-
fes des Collocations , & fe porteront aux differens

quartiers, le tout en la maniere & pour la fin marquée par l'Art. IV. du Chap. II.

3° Et conciliant enfuite le produit avec le prix des ventes & collocations, fans y déferer pourtant entierement, mais avec la circonfpection marquée au fufdit Article 4. du Chapitre II. ils fixeront la jufte valeur des biens de toute qualité en differens quartiers, eu égard au meilleur, au bon, mediocre, mauvais, & pire, laquelle fixation fervira de regle aux Experts pour les autres quartiers, faifant toûjours les confiderations neceffaires à la proximité ou à l'éloignement, & aux autres commoditez ou incommoditez

4° Ils feront de même à differens quartiers de la Ville, Bourg ou Village pour l'eftimation des fols & plaçage des maifons.

5° Après que les Experts auront avancé leur ouvrage à environ la moitié, ils en donneront avis au Sr Directeur, qui fe portera fur les lieux pour examiner s'ils procedent à propos & en conformité des regles ci-deffus ; & trouvant de la défectuofité, il la leur fera réparer, & leur donnera les avis neceffaires pour continuer : duquel voyage le Sr Directeur en prendra l'ordre de Meffieurs les Procureurs du Pays.

6° Les Experts ayant fini leur vifite & eftimation des biens, ils en donneront avis au Sr Directeur, qui fe portera encore fur les lieux pour l'examen de leur ouvrage, & leur fera reparer ce qu'il jugera à propos.

7° Le Livre Cadaftre étant fait dans toutes les regles, les Experts y mettront au commencement le

Procez verbal de leur procedure , & le Sr Directeur certifiera le verbal auſſi bien que le double qui en ſera remis aux Archives de la Communauté , comme il eſt dit en l'Art. 9. du precedent Chapitre.

8° Les Experts ſe conformeront entierement à ce que leur preſcrira le Sr Directeur, comme ne le faiſant que par les ordres de Meſſieurs les Procureurs du Pays.

9° Les Experts ſeront tenus d'affirmer à ſerment au Sr Directeur ſi les Conſuls & principaux allivrez dans les Communautez, ou autres, les ont voulu induire à eſtimer les fonds au deſſous de leur juſte valeur.

10° Les Experts & Arpenteurs ſeront tenus de prêter ſerment pardevant le Juge du Lieu ou ſon Lieutenant, dont ils ſe feront conceder acte, duquel ils feront mention dans leur Procez verbal ; les ſieurs Directeurs en étant diſpenſez par Mrs les Procureurs du Pays.

L'Aſſemblée a deliberé que leſdites Inſtructions ſeront enregiſtrées au Greffe de la Province, pour être executées ſelon leur forme & teneur, & imprimées pour en être diſtribué des Exemplaires à chaque Communauté, & par tout où beſoin ſera.

Extrait du Livre des Deliberations des Etats de Provence, collationné par moy Greffier deſdits Etats ſouſſigné,

Signé, MORICAUD, Greffier.

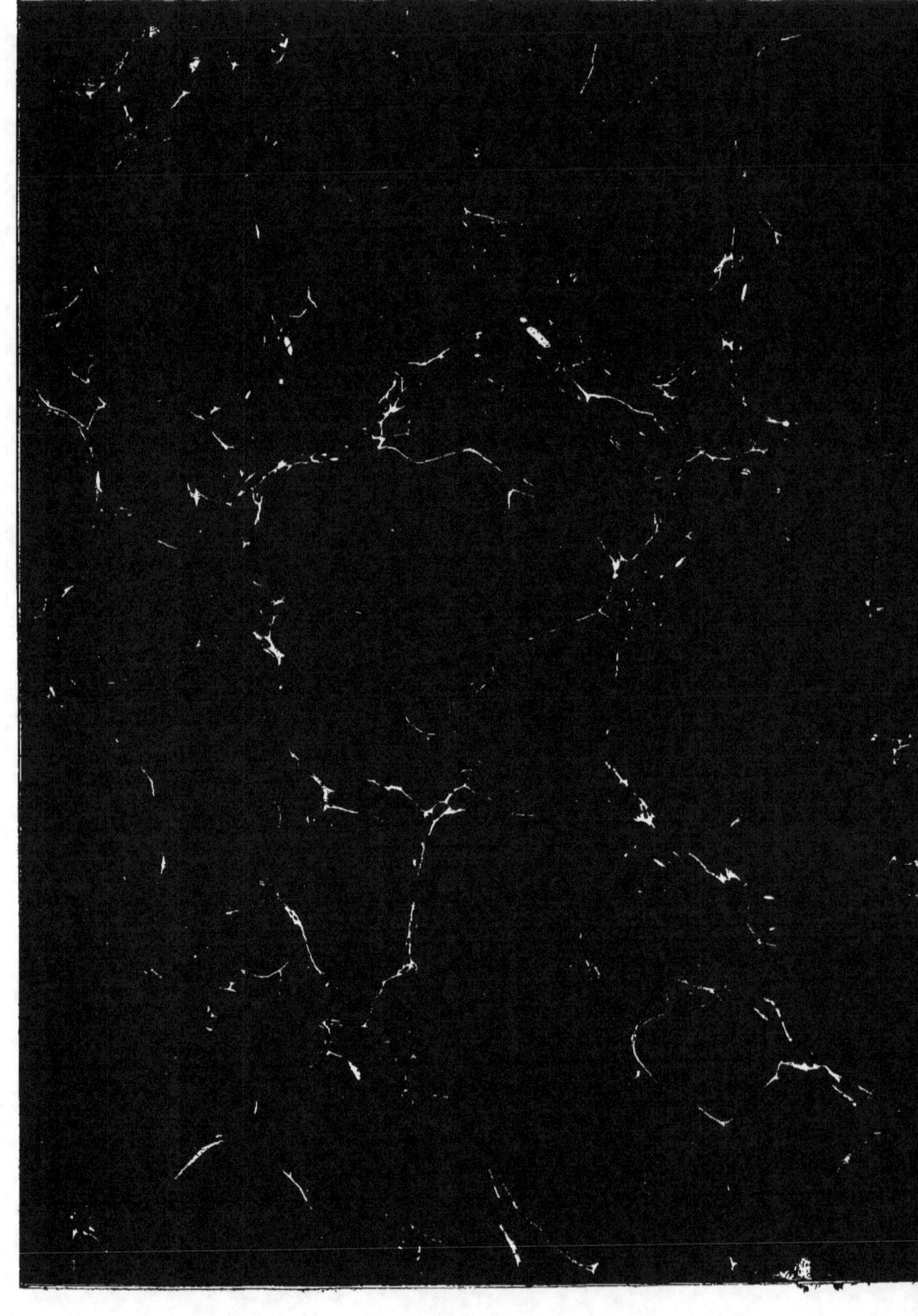

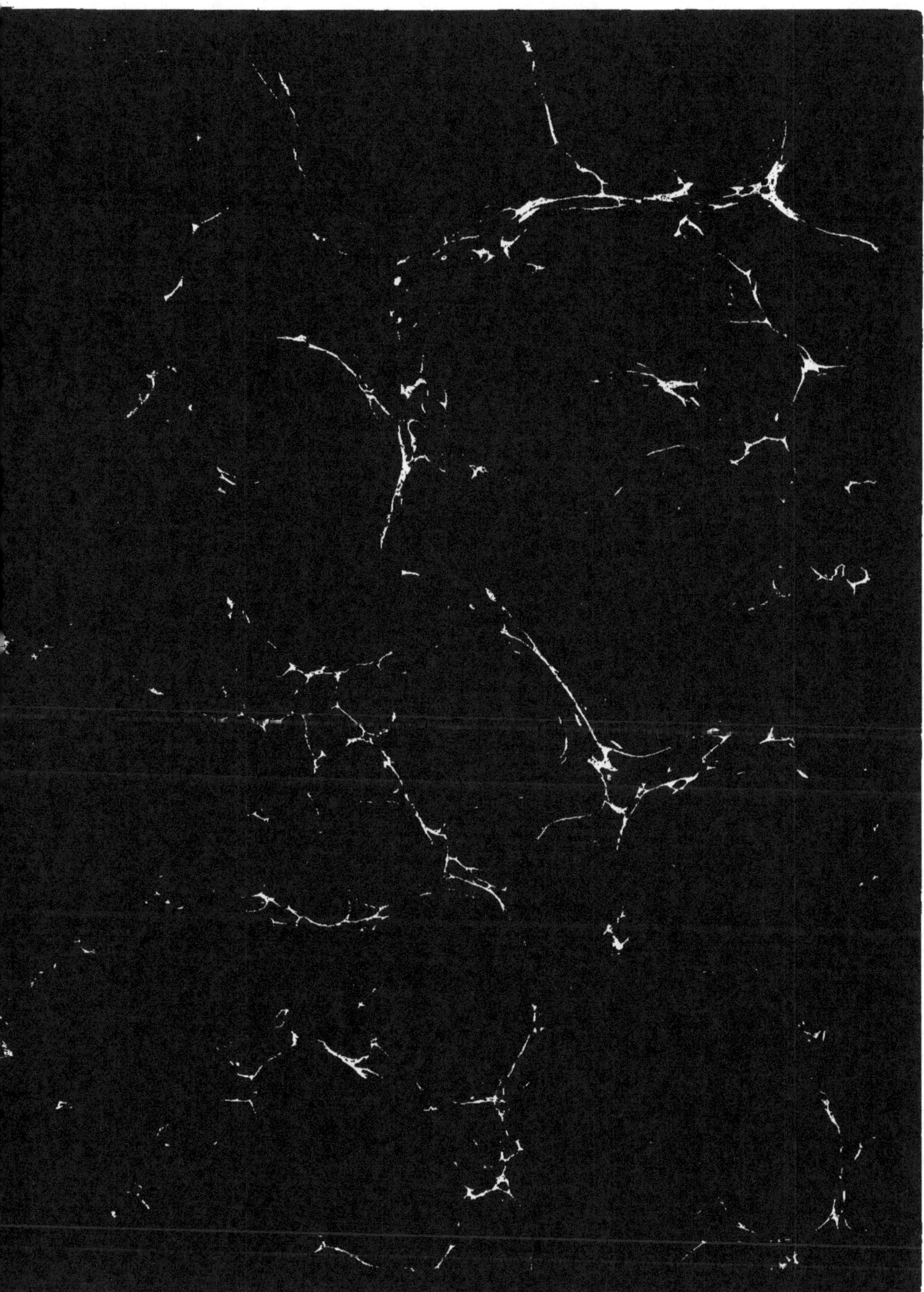